SHODENSHA
SHINSHO

三度目の日本

――幕末、敗戦、平成を越えて

堺屋太一

祥伝社新書

はじめに——本当の危機がやってくる

今、日本人は三度目の「敗戦」状態にある。

近代に入って約一五〇年、日本は二度の「敗戦」を体験してきた。「敗戦」とは敵国に国土を破壊され、占領されることだけをいうのではない。一国の国民または住民集団が、それまで信じてきた美意識と倫理観《りんり》が否定されることをいうのだ。

その意味での「敗戦」を、日本は二度経験した。幕藩《ばくはん》体制が崩壊を余儀なくされた一八六〇年代と、太平洋戦争に敗れた一九四〇年代の二度である。いずれも手痛い「敗戦」を喫《きっ》したが、日本はそれを乗り越え、短時間で立ち直った。そして、二度目の敗戦から七〇年を経《へ》た現在の二〇一〇年代、三度目の「敗戦」と言うべき状態に直面している。

私が考える「敗戦」とは、価値観が大きく変わることだ。

世の中の一番の「基《もと》」は価値観である。価値観というものが世の中の形を決めるのだ。たとえば本文第二章で詳述するが、江戸時代の価値観は「天下泰平《てんかたいへい》」の四文字で表わされていた。徳川《とくがわ》幕藩体制が希求《ききゅう》したのは、何よりも世の中が変わらないことであった。価値観とは、その時代の人々がよしとする意識や考えの集合体と解釈してもよいだろう。

さらに価値観を分解すると、構成する要素は二つであることが分かる。それは美意識と倫理観である。「何が美しいか」という美意識、そして「何が正しいか」という倫理観。この二つの要素によって、世の中の価値観は成り立っている。

この価値観が変わるとき、世の中はがらりと変わる。価値観に基づいて、社会の大きな仕組みができあがっており、さらにその仕組みの中で各個体、主体が経済運営や政治活動、芸術運動などを行なっているわけだ。こうしたヒエラルキー、すなわち価値観がまずあり、それによって社会が構築され、その社会の中で人々が活動するという上下階層構造が厳然《げんぜん》として存在する。

「敗戦」とは、この価値観が変わることなのだ。「何が美しいか」「何が正しいか」という意識と考え方ががらりと変わることを、世の中の大転換、つまり「敗戦現象」と呼ぶのである。

冒頭で指摘したとおり、日本は近代になって以降、およそ一五〇年の間に、すでに二度の敗戦を経験している。一度目は黒船《くろふね》がやって来て開国を強《し》いられた江戸時代末期。二度目は太平洋戦争に敗れた一九四五年（昭和二〇年）。そして今、三度目を迎えようとしている。

ではなぜ今が三度目の「敗戦」なのか。このことを考えるのが本書の大きなテーマである。

一九四五年の敗戦以降、戦後の価値観として、倫理があり美意識があり、経済の仕組みがあり、社会の成り立ちがあった。しかし現在、それらは明らかに通用しなくなっている。戦後の価値観によって成り立っていた時代が終わろうとしているのだ。

私は、二〇一七年から二〇二六年までの一〇年の間に「二度目の日本」が終わると考えている。おそらくそれは東京オリンピックが開催される二〇二〇年に、決定的になるだろう。第三の敗戦である。しかし終わりがあれば始まりがある。二〇二〇年以後の大転換期、いよいよ「三度目の日本」が始まるだろう。

では、これから始まる「三度目の日本」は、どんな国であるか。

「一度目の日本」、すなわち明治維新後の日本は「強い日本」を目指した。「二度目の日本」である戦後は、「豊かな日本」を目指した。「敗戦」のたびに力強く立ち直り、前の時代とはまるで異なる価値観の下《もと》に再生してきたのが日本なのである。

そこで私は「三度目の日本」を、「楽しい日本」にしようと提言する。豊かな日本から楽しい日本へ。日本が直面する危機を克服し、新たな価値観で大転換期を乗り越えていくにはどうしたらよいのか。その道標《みちしるべ》を示してみたい。

二〇一八年十二月

堺屋太一

目次

第二章　第一の敗戦——「天下泰平」の江戸時代から「明治」へ
——近代日本はどのように幕を開けたのか

第三章　富国強兵と殖産興業が正義だった

――「一度目の日本」の誕生と終幕

第四章　敗戦と経済成長と官僚主導　137

——「二度目の日本」の支配構造を解剖する

第一章

「二度目の日本」は、こうして行き詰まった

——私たちは今、ここにいる

■日本の転換期は一九八九年

今の日本、すなわち「二度目の日本」は、一九八九年（平成元年）ごろから、明らかに行き詰まりを見せてきた。それは高度経済成長の行き詰まりであると同時に、規格大量生産が行き詰まった、ということを意味している。

規格大量生産とその行き詰まりについて例証するために、万国博覧会（万博《ばんぱく》）を採《と》り上げてみよう。

私は一九七〇年（昭和四十五年）の日本万国博に、通商産業省（当時）の官僚として関わった。

日本初、いやアジア初の万博である。京都大学の名誉教授であり、フランス哲学者の桑原武夫《くわばらたけお》さんが、「万博といえばテーマだ」とおっしゃった。そこで東京大学総長だった茅誠司《かやせいじ》氏を頭に戴《いただ》き、テーマ委員会という組織を設けてさかんに議論をし、「人類の進歩と調和」というテーマをひねり出した。桑原さんや梅棹忠夫《うめさおただお》さんなど、

万博で重要なのは「コンセプト」だ

1970年の日本万国博覧会は6422万人を動員した　時事

いわゆる「京都学派」と呼ばれる学者たち（西田幾多郎《にしだきたろう》ら哲学者たちによる京都学派とは異なる）や作家の小松左京《こまつさきょう》さんなどと一緒に、何時間も議論して決めたものだ。

ところが、事前の準備の一環で一九六六年（昭和四十一年）、副会長（関西電力の芦原義重《あしはらよししげ》氏と住友銀行の堀田庄三《ほったしょうぞう》氏。当時はいずれも会長代行）とカナダのモントリオール博覧会の準備状況を視察に行ったところ、現地の関係者から「テーマなどはどうでもいい。あんなものはただのキャッチフレーズにすぎない。肝心なのはテーマではなく、コンセプトだ」と断言された。

そのころ「コンセプト」という言葉は、

日本ではほとんど使われていなかった。あわてて字引《じびき》を引いたら、哲学用語で「概念」とある。「これはどういうことなのだ?」「ちなみにモントリオール万国博のコンセプトは何だ?」と、モントリオール博の事務総長に聞いたところ、「それはカナダだ」と言う。さまざまな人種がいて、太平洋側のバンクーバーから大西洋に面したハリファックスまで東西四〇〇〇キロもあるのに、南北は一〇〇キロほどしか人は住んでない。この長大な国の統一を打ち出すのが一番の目的である。端的に「われわれはカナダを見せるのだ」と言う。

「なるほど」と思い、だったら「日本は何を見せるか」、と私たちは考えた。

考えに考え、さらに当時の多くのブレーンとも話をした。その結果、日本万国博覧会で見せるものは「規格大量生産の工業社会なる日本」だということに落着《らくちゃく》した。

それには太平洋戦争を経験した世代の思い入れがあった。先の大戦で日本は懸命に戦った。工業製品でも零戦《ゼロせん》や戦艦「大和《やまと》」など、優秀なものを作った。ただ数が少なかった。だから結局、大量生産のB29やジープに敗《ま》けた。

万国博では、「規格大量生産大国になった日本」を、全国民に、そして世界に見せようではないか。そんな意見の統一が生まれていった。

だからまず、日本中に自動車を普及させろ、カラーテレビを量産しろ、そしてクーラーを各家庭に付けられるようにしろ、ということになった。この三種の魅力的な製品を普及させ、結果としてどれだけ生産したか、どれほど普及したか、そしてどれだけ日本という国を豊かにしたか——それを「見せる」ため、万博では「観客の数を入れろ」ということになったのである。

一九六四年（昭和三十九年）の東京オリンピックは戦艦「大和」みたいなもので、でかいことはやったけれど、人々の暮らしを豊かにする具体的な製品を大量に生産することはなかった。その六年後、七〇年の大阪万博は、とにかく規格大量生産で「数を入れる」ことだ。豊かな物量を目《ま》の当たりにして、誰もかれもが楽しめる博覧会にしよう。

こうして立ち上げたコンセプトが見事に当たり、当初の目標入場者数三〇〇〇万人をはるかに超え、一八三日間の会期で六四二二万人という大動員になった。万博に向けて規格大量生産に邁進《まいしん》したことにより、あの博覧会で日本はいっぺんに「規格大量生産が最も上手な国」になったのである。

そして当時、規格大量生産がやや衰《おとろ》えはじめていたアメリカに、猛烈に輸出するようになった。それが一九七〇年代から八〇年代のことであり、このころが「二度目の日本」の一番の繁栄期である。

七〇年の万国博覧会を終え、八〇年代に入った日本ではバブル景気が起こった。大きな行事の後には景気の落ち込みを見ることも多いのだが、大阪万国博の後にはそれもなく、日本はまっすぐに成長の道を辿《たど》って経済成長を続けた。日本の円相場は低いままで固定し、ものすごい貿易黒字をもたらした。

一九八二年（昭和五十七年）に中曽根康弘《なかそねやすひろ》内閣（第一次）になると、「アメリカから物を買いましょう。一人、一〇〇ドル買いましょう」と国民に呼びかけるまでに発展したのである。

その「規格大量生産大国」の日本に、一九八九年から行き詰まりが兆《きざ》しはじめたのだ。

■第四次産業革命の時代に、日本は生き残れるか

今、アメリカに「アメリカ・ファースト」を掲《かか》げるトランプ大統領が現われ、イギリスはEU離脱という事態になっている。

これはいったい何を意味するのか？

まさに「規格大量生産の時代が終わった」ことを示しているのだ。規格大量生産の時代は、「水平分業方式」が前提だった。さまざまな国が得意なものを作る。自動車なら自動車、電気製品なら電気製品を作って、お互いに交流して取引するというのが水平分業である。この水平分業をどんどん進めるためには、市場が大きくなければならない。そこで、アメリカも南北アメリカ大陸で市場統一しよう、ヨーロッパも国境を越えて市場を統合しよう、となった。規格大量生産の時代とは、いわゆる市場統合の時代だったのだ。

このように見れば、世界史上の出来事として、第一次と第二次、二度の産業革命が

あったのに加え、規格大量生産の実現が「第三次産業革命」だったことがよく分かる。

ところが、次に起こるであろう第四次産業革命は、多様性と大量性を両立させる産業革命なのだ。たとえば3Dプリンターは、多様なデザインの商品を大量に作ることができる能力を持っている。ここから世界文明の逆転――第三次産業革命までの世界では通用しなかったことが起きつつあるのではないか、と思う。

第四次産業革命が起きれば、多様で安価な製品の生産が可能な時代になる。ビッグデータの活用でマーケットの個性を抽出《ちゆうしゆつ》、選別し、3Dプリンターでそれぞれのマーケットに合った、違いのある製品を作ることができる。つまり水平分業が必要なくなるのだ。

したがってアメリカ、イギリスという大国が、孤立主義、一国繁栄主義の流れに向かっているのは当然だろう。その第四次産業革命の潮流のなかで日本がどうやって生き残るか。それが問題である。

■二〇二〇年代には、団塊《だんかい》の世代が後期高齢者になる

『団塊の世代』とは、私が一九七六年（昭和五十一年）に著《あらわ》した小説のタイトルである。日本では、戦後の一九四七年（昭和二十二年）から一九五一年（昭和二十六年）までに生まれた人口が異常に多く、五年間で一二五三万人にものぼる。その世代の男性を主人公に、私は未来予測小説を書いた。

「団塊」という言葉は通産省の鉱山石炭局にいたころに知った。地質学の用語で、ある元素が固まっている部分を「ノジュール」（nodule）、訳すと「団塊」となる。ある世代の人口が固まっている、この世代がずっと塊《かたまり》のまま動いていく——そんな意味を込めたのだ。当時「分かりにくい」と批判されたが、「新語」を作るつもりだった。

「団塊の世代」という言葉は有名になったが、実はこの小説の中で私は「人口減少」に警鐘を鳴らしている。四話構成の最終話では、二〇〇〇年ごろの日本が登場し、そこでは経済は停滞して、老人世代と現役世代の亀裂《きれつ》が生まれる、という内容だった。

執筆当時、厚生省（現・厚生労働省）の人口問題研究所（現・国立社会保障・人口問題研究所）は、むしろ「人口過剰」を問題視していた。それゆえ、私の「人口減」という未来予測は官僚たちから激しく批判を浴びたのだが、今日の現実はそのとおりになってしまった。現代は深刻な少子高齢化社会であり、私が言うまでもなく年金、社会保障の費用が膨《ふく》らんで、若い世代の大きな負担になっている。

あのころ、もっと対策を立てておけばよかったと思うが、すでに遅い。二〇二〇年代には「団塊の世代」が七五歳以上の後期高齢者になっていく。彼らは日本を繁栄させてきたが、年金や医療費などの社会保障費は膨大な額になり、その繁栄を食いつぶして去っていくだろう。

■戦後官僚主導の五つの基本方針

そもそも「二度目の日本」である「戦後日本」は、どのように成り立ってきたのか。

もちろん、一九四五年から五二年までの七年間、日本はGHQ（連合国軍最高司令官総司令部）の占領政策下に置かれたわけだが、その間に国家の大方針として外交と内政の目標を打ち立てた。

外交では、「アメリカなどの西側陣営に属して経済大国・軍事小国を目指す」。かたや内政の面では、「業界協調体制で規格大量生産の近代工業社会を形成する」、というものだ。この二大目標に共通するのは、ともに「豊かさ」を求めたということだ。敗戦の廃墟《はいきょ》の中で、日本人が衣食住の豊かさを希求《ききゅう》したのは当然だろう。

この「豊かさ」こそが、戦後日本の価値観になった。そこには安全・平等・効率を正義とする倫理観があった。「二度目の敗戦」を経験した日本は、それまでの「一度目の日本」、すなわち大日本帝国が体現した「強い日本」を捨て去ったのだ。

そして豊かさを価値観とする日本にとって、主導的役割を果たしたのが経済官僚である。それは前述した「業界協調体制による規格大量生産の近代工業社会の形成」においで顕著だった。

戦後、吉田茂《よしだしげる》内閣、鳩山一郎《はとやまいちろう》内閣、岸信介《きしのぶすけ》内閣、池田勇人《いけだはやと》内閣、佐藤栄作《さとうえいさく》内閣ま

での二〇年間は、完全に政治主導の社会であった。ところが万国博覧会が終わった一九七二、七三年ごろから官僚主導が強くなった。

私が役所に入ったのは一九六〇年（昭和三十五年）だが、その後一〇年間、大阪万博までは霞《かすみ》が関《せき》の官僚たちは「官邸との〝近さ〟」を自慢していた。「俺はすぐに官邸に行ける」「官邸の秘書官と知り合いだ」「佐藤さんの電話番号を知っている」というのが自慢だった。

ところが田中角栄《たなかかくえい》内閣になると、官邸との近さを自慢する人がいなくなった。特に田中角栄氏が石油危機で人気を失ってからは、「大臣のご意見はそれはそれとして、本当はどうする？」という会話が霞が関の官僚たちの間で流行《はや》った。「大臣が何を言っても関係ないよ。本当のことはわれわれ官僚が決めるんだから」ということだ。それが田中内閣という内閣の実態だった。

その後「官僚主導」は四〇年も続いている。そこでは、五つの基本方針がある。以下に列挙しよう。

一　東京一極集中
二　流通の無言化
三　小住宅持ち家主義
四　職場単属人間の徹底
五　全日本人の人生の規格化

順を追って見ていこう。

一つ目の「東京一極集中」とは何か。

新幹線網を例に挙げる。今やほとんどの日本人は、新幹線とは東京から地方都市へ延ばしていくものと思っているだろうが、そもそもは違う。東海道新幹線は一気に東京－大阪ができた。名神・東名の高速道路は、まず名神が、次に東名ができた。

ところが田中内閣は、東北新幹線も、上越、北陸新幹線も全部、東京から地方に延ばした。東北自動車道も関越自動車道もすべて東京から地方につなげた。私は『日本列島改造論』の執筆のために、何度も目白の田中邸に行った。その都度、田中氏は、

「新潟《にいがた》の人も東北の人も、東京で活躍できるようにしてやれ。俺が見本だ。東京に出て来い」と言うのである。そのベクトルに沿《そ》うように計画された交通網なのだ。

昨今、田中内閣の「日本列島改造論」は「過疎《かそ》と過密の問題をなくす」「地方分散の推進」「均衡《きんこう》ある発展」などを目指したと言われている。ところがそれは、地方から東京へ早くつなげるという本来の目的とはまったく逆の理解なのである。

私は田中さんのところに何度も通《かよ》ったが、「俺は雪深い新潟にいて、とにかく苦労した。東京に出て成功しなきゃならん。みんな東京に来い」と語っていたことを鮮明に覚えている。二〇一五年（平成二十七年）には北陸新幹線が金沢《かなざわ》まで開通、近い将来は敦賀《つるが》までつながるが、北陸の人もみな東京に来るようになるだろう。

田中内閣は、東京をどんどん大きな街にしようとした。その代わり、地方が文句を言わないように、地方には公共事業と工場分散を進める。つまり頭脳の機能はすべて東京、地方は手足の機能にしようという方針だった。手足とは、製造業と建設業の現場になるということである。その見返りとして、地方には農産物を高く買い上げることで地方の人たちを納得させ、同時に「子弟《してい》は東京で出世させろ」というのが田中さんの思想だった。

■業界団体の本部を東京へ

東京一極集中には三つのことが必要だった。

一つは経済・産業の中枢管理機能を東京に集める。二番目は情報発信機能を東京に集める。三番目は文化創造活動を東京に集める。この三つを東京に集め、地方には一切、その機能を持たせないことにしたのだ。

まず「経済・産業の中枢管理機能」を東京に集めるにはどうしたらいいか。官僚主導の行政は、産業界における業界団体という組織を利用した。

業種・業態ごとに、それぞれ「○○協会」「△△組合」「□□連合会」などの、いわゆる業界団体があることはご存じだろう。同じ業種の事業者（企業）が、情報交換や親睦《しんぼく》、交流を目的に結成するのが業界団体だ。官僚は、これにナショナル・センター（中央組織。狭義の労働組合のことではない）を作らせた。林立《りんりつ》する企業群を全国レベルで統括しようとするもので、たとえば全国銀行協会、電気事業連合会、日本自動車工業会などが有名である。

そして、そのナショナル・センターの本部事務局を、千代田区、港区、中央区、新宿区、渋谷区、品川区、江東区の東京七区に置かなければならない、としたのだ。東京二三区の中の田舎《いなか》(地方)とされたのか、練馬区や板橋区などでの設置は許可されなかった。

この政策の淵源《えんげん》は一九四一年(昭和十六年)の「重要産業団体令」に遡《さかのぼ》る。それ以前に全国レベルの団体を作っていた古い業界は、必ずしも東京に本部事務局を置かなくても許されている。

たとえば京都には伝統工芸の各種団体、名古屋には「名古屋陶磁器輸出組合」という歴史ある業界団体が、戦前からそれぞれの地に存在していたのだが、これをナショナル・センターに束《たば》ね、東京に集めようとした。京都の伝統工芸品産業振興協会の協会長などは、京都の人だったが、東京に来て港区青山《あおやま》にビルを借りた。それも「東京に来なければ伝統工芸の政策をしない」と役所に脅《おど》されたためともいわれている。

最も揉《も》めたのが繊維業界である。紡績《ぼうせき》協会、化繊《かせん》協会、アパレル協会など一三団体すべての事務局が戦前から大阪にあったのだ。その業界情報誌である「チャネラー」という雑誌の編集部も大阪にあった。

戦後になり、私が通産省の企画室にいたときのことである。「繊維業界団体の事務局を東京に持って来なければならない」と大騒ぎになった。

当時はニクソン・ショックが起き、日米繊維交渉の真っただ中だった。三宅幸夫《みやけゆきお》さんという当時の繊維局長が、「敵は米国にあらず大阪にあり」という看板を作り、「繊維業界の事務局が東京に来ないかぎり、アメリカとは絶対に交渉しない」と主張していたのを記憶している。

これには繊維業界も困り果て、結局、当時旭化成《あさひかせい》の会長をしていた宮崎輝《みやざきかがやき》さんが、すべての団体職員を移動させるのは大変だから「日本化学繊維協会」という上部組織を作り、この事務局を東京に置く、との決定を下した。まさしくナショナル・センターである。その会長には宮崎さん自身が就《つ》くということだった。「住んでいた芦屋《あしや》の邸宅を売り払い、港区三田《みた》のマンションに住みます。その代わり日米繊維交渉をよろしくお願いします」というわけである。

するとと私は上司から「宮崎が本当に三田のマンションに住んでいるか見てこい」と命じられた。さらには「子どもや孫が東京の学校に転校しているか調べろ」とも言われた。私は本当に三田の自宅マンションまで見に行ったり、子どもさんたちが転校しているかを調べたりして、「大丈夫です」と報告したのだった。

同じように、大阪で創業した貿易会社の丸紅《まるべに》や伊藤忠《いとうちゅう》に対しても「東京に来い」と命じた。繊維業界や貿易会社が東京に来れば、大阪は衰退していく。

さらに、全国銀行協会の内規には「本店が東京にない銀行の頭取《とうどり》は協会の会長にしない」という取り決めもあった。だから住友《すみとも》銀行、三和《さんわ》銀行、東海《とうかい》銀行（いずれも当時）の頭取は長年、会長にはなれなかったのだ。住友、三和は「登記上の本社は大阪だが、業務はすべて東京でやります」と、わざわざ東京にビルを建てたりした。結局は、住友銀行も含めてすべての銀行の本店が東京に来てしまい、現在大阪に本店がある大銀行はなくなってしまった。

最後まで問題になったのは日本生命だった。弘世現《ひろせげん》さんという社長ががんばって、大阪からテコでも動かなかったのだ。しかしその日本生命も、弘世さんが亡くなると同時に東京にやってきた。かなり強引な政策で、官僚主導のすさまじさを示す話である。

■情報発信機能を東京へ

一方で情報発信機能も、東京に集めた。情報には紙によるものと電波によるものがある。

戦後、官僚たちは紙の情報を東京に集めようとした。マッカーサーはこの方針に大反対で、情報発信は地方に分散しようとした。しかし、官僚たちは「東京に情報を集めなければ行政指導が徹底しない」と、一九四九年に日本出版販売株式会社（通称「日販《にっぱん》」）、東京出版販売株式会社（略称「東販《とうはん》」、現・株式会社トーハン）という二大取《とり》次《つぎ》店を東京に設立させた。出版社から書店へ、出版物を取り次ぐことから「出版取次」と呼ばれるが、流通における問屋と似た機能を持つ。

さらに「東販、日販は東京都内に倉庫を持たなければならない」と取り決めた。出版物は必ず取次店の倉庫に入れなければ、全国に流通させることができない。つまりすべての出版社が、東販と日販に本を納入しなければならないというシステムを作ったのである。

したがって、関西で出版していた「エコノミスト」「PHP」などの雑誌も、いったん東京に本を運ばなければならない。送料は一冊一円くらいだからまだよいのだが、大阪から東京へ輸送する時間を考慮すると、原稿の締切《しめきり》を二日ほど早めなければならないことになる。これは雑誌を編集する側として大きな負担である。

結局、大阪毎日新聞社が発行していた「エコノミスト」も、京都にあるPHP研究所の「PHP」もその後、編集部を東京に移してしまった。東京以外では全国で発売する雑誌は出せない、という方針が徹底された結果である。

東京以外では全国に売る雑誌は作れない。雑誌の取材も東京に偏《かたよ》るため、東京の話しか載《の》らないようになった。

また新聞社にも同様の方針をとったため、大阪発祥の朝日新聞や毎日新聞（大阪毎日新聞）、産経新聞（日本工業新聞）の本社機能も東京に集まった。官僚主導で東京一極集中を徹底したのである。

そして、この政策はやがてテレビ放送にも波及する。地上波アナログ放送の時代だが、送信出力が50kW（キロワット）のテレビ局、つまりキー局の設置を東京にしか認めなかったのだ。そのため関西をはじめ、地方のテレビ局は電波の出力が東京と違う。大阪も福岡も札幌も10kWである。

出版と新聞とテレビ放送。すなわち紙も電波も、いずれの情報発信も東京に集めようということだ。

■文化創造の場も東京へ

次に官僚主導の槍玉《やりだま》に挙がったのが文化創造活動である。

歌舞伎《かぶき》を上演する劇場には本来、五つの要素が必要とされる。引幕《ひきまく》、回り舞台、花道、和風の楽屋と、幕間《まくあい》が長いため客用の食堂。以上の五つである。ところが戦後、大阪に歌舞伎座を作ろうとしたとき、東京以外にはこれら五つの要素すべてを備えた劇場を作ってはいけない、と言われたのだ。

東京には国立劇場、歌舞伎座、明治座などがあるが、大阪には本格的な歌舞伎の劇場を作ってはいけない、という規制がなされた。同じ関西の京都には戦災を逃《のが》れてきた南座《みなみざ》があるものの、戦後、歌舞伎の「五要素」を備えて新たに建てられた劇場は存在しない。

大阪の場合、千日前《せんにちまえ》に新歌舞伎座を作る時、結局「回り舞台を外す条件で許可してやる」ということになり、回り舞台をあきらめたのだった。この結果、関西歌舞伎は全滅し、役者はみな東京に移住せざるを得ないようになった。

このような例は歌舞伎座だけではなく、円形劇場の建設についても見られる。武道館や国技館のような舞台が中央にある構造が、東京以外では認められなかった。つまり土俵やアリーナ、リンクを中央にして、その周囲を三六〇度すべて取り囲むように客席を配置する構造の施設は、東京以外に作ってはいけないというのだ。大阪城ホー

文化の場も東京一極集中

戦後、本格的な歌舞伎の劇場を東京以外に作ることは規制された(左・歌舞伎座)。戦災を逃れた京都の南座(右)は例外　時事

ルを建設する際、バレーボールかバスケットボールの平場《ひらば》を二面作らないと許可しないということになった。

市の担当が円形劇場を作ろうとしたら、官僚から「そんなに大阪市が金持ちなら、学校の補助金やめましょか。道路もやめとこうか」と言われたそうだ。そして、「もし違反したら、芸術祭には参加させない。補助金は一切やらない」というように圧力をかけるのだ。このような行政の力学と動きは七〇年万博の後に加速していったと思う。

こうして、経済産業中枢管理機能、情報発信機能、文化創造活動の三つが東京に揃《そろ》った。官僚主導による東京一極集中政策の完成である。

■「無言」になる流通

戦後の官僚が主導した二つ目の基本方針は、「流通の無言化」である。

昔は消費行動、つまり買い物の主体は女性だったから、消費者会議などに出てくる消費者側の代表は女性ばかりだった。男性の出席者は、酒造組合や医師会など、「財とサービス」を供給する側の顔ぶれがほとんどである。

時代は高度経済成長を迎えた六〇年代、規格大量生産で商品が続々と市場に供給されていた。しかし、消費が供給に追いつかない。分かりやすく言えば、お店には多くの商品が並んでいるが、好景気であるにもかかわらず売れていないのだ。これを官僚の言葉にすると、次のようになる。

「第三次産業の生産性が低い」

そして官僚たちは「日本の第三次産業の生産性が低いのは、主婦が近所の店でおし

セルフレジの時代へ

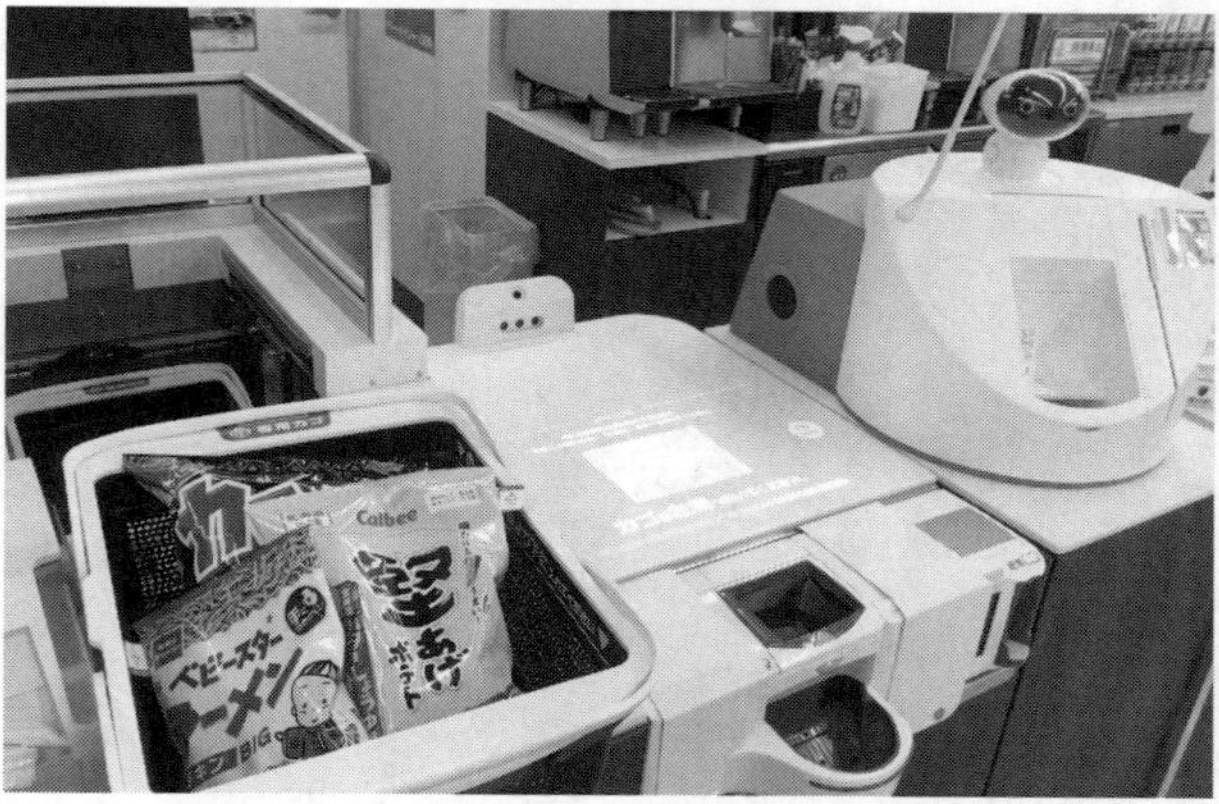

ローソンとパナソニックが開発した「レジロボ」。会計や袋詰めを自動で行なう

共同

ゃべりしているからだ」として、「小売店の店頭でしゃべらせるな」という方針を打ち立てた。店員と客、および客どうしの会話がなるべく少ない、「しゃべらない流通」にしようというのである。

小売店より百貨店、百貨店よりスーパーマーケット、さらにいいのはコンビニエンスストアであり、最もよいのは自動販売機、ということになる。

これが六〇年代から七〇年代にかけて起き、現在も続く「流通の無言化」である。

小売店のおかみさんと買い物客の主婦が、天気や子どもや近所の話題でコミュニケーションをとりながら買い物をする光景が日本から消えた。客はスーパーのレジに並び、無機的でごく短い会話だけが残った。多くの人々がコンビニエンスストアで買い物をし、小売業はさびれて、商店街はシャッター通りになり、百貨店も衰退した。

現在の日本は、スーパーはほどほどに売り上げを保《たも》ち、コンビニの数はアメリカを抜いて世界一になり、自動販売機の数は世界で断然トップを誇るようになった。さらに今後は「無言化」ならぬ「無人化」が進むという。電子タグを使い、セルフレジで清算するシステムが導入されつつある。やがて店員がまったくいないコンビニエンスストアが登場するだろう。

これもまた官僚主導である。セルフレジの導入実験を支援しているのは経済産業省だ。

ところで、日本中でインバウンド（外国人観光客）が話題になっている。外国人旅行客の増加にともなって、彼らによる日本国内の消費が伸びているのは事実だ。外国人はよくしゃべる。そこで英語や中国語ができる店員、つまり外国人を雇用したいと流通業は言い出したのだが、「流通の無言化」を主導する官僚は、それをさせてはいけないという。これでは外国人客にとって、日本での買い物が「楽しみ」ではなくなってしまう。

日本は工業立国だから工業製品だけ買ってくれればいい、おとなしく爆買いだけをしてくれ、と言っているのだ。

「はじめに」で私は、「三度目の日本」は「楽しい日本」にしようと述べたが、爆買いの拠点だけ作り、「楽しい」買い物ではなく「安い」買い物をしてくれればいいとするなら、「日本は『楽しい国』じゃありませんよ」と言っているようなものだ。これもまた官僚主導の行き着く末である。

昔は「銀ブラ」という言葉があった。銀座をぶらぶらして、買い物を楽しむ人がたくさんいた。今、買い物は楽しみではなく、女性の仕事になっている。仕事だから、できるだけ短時間で済ませればいい。人生の喜びが一つ減ったわけだ。

買い物に時間をかけないでいいということからだろうか、駅ナカの店などは流行《はや》っている。さらには、ネットショッピングは大隆盛である。よりどりみどりで試着を繰り返すという買い物の楽しみや、値切り交渉はなくなってしまったのだ。

■国民は持ち家を構えろ

戦後官僚主導の三番目は「小住宅持ち家主義」である。全国民に持ち家を持たせようとすると、住宅を安くしなければならない。だから郊外に小さな住宅を作る、という方針となったのだ。

今、韓国や中国の住宅の広さは、だいたい平均一四〇平米である。彼《か》の国では、持ち家を持てるのは富裕層に限られている。

一方、日本は約八〇平米。そこで土地の安い郊外にたくさん小住宅を作り、しかもそれを多部屋にしろというのが国土交通省の指導する地域開発の主流となった。その結果、八〇平米で3LDKといった住宅になる。東京一極集中でどんどん人を集めて、将来は郊外の小住宅に住むことを奨励した。

そして、できるだけ早く自宅を買わせるように、年々、東京の土地の値段は上げた。「住宅を買ったら損はしない」というのである。地価が上がれば、当然みんなローンを組んで買っても「儲かった」という気になれるのだ。

当時の大蔵省、当時の建設省、そして当時の運輸省が東京都心に向けて鉄道を引くプランを作り、グランド・デザインを作成していった。住宅地、商業地域、工業地域をすべて用途別にし、土地の使用目的ごとに用途を明確にする区画を作った。

本来なら用途規制ではなく、環境規制にすべきだったと思う。「騒音は何ホーン以下」や「排出ガスの窒素酸化物は何ppm、煤塵《ばいじん》は一立方米《メートル》あたり何グラム」というような環境規制にすべきだったのに、用途規制にしたため、現在はさまざまな弊害《へいがい》が生じている。「住宅用途のものには風呂が必要」というので、風呂付きマンションを事務所使用しているところは多い。

この政策は、完全に東京一極集中にして、国民に住宅を買わせようとするための下地だった。その方針に乗って、プレハブ住宅会社やマンション業者が大成長したわけである。

東京以外の地方については、「公共事業のバラマキと農産物の高価格で辛抱《しんぼう》しろ、そして工業地域を分散して工場を建ててやる」というのが、一九六〇年代から七〇年代にかけて第五次まで施行された全国総合開発計画（略称「全総《ぜんそう》」）という政策の主旨だった。

■「工場先導性の理論」と「多目的ホール」

この先達《せんだつ》となったのが、建設官僚で後に国土事務次官を務めた下河辺《しもこうべ》淳《あつし》さんの「工場先導性の理論」である。

その主旨は、地方を開発するためにはまず工場を建てることだ、大規模のコンビナートこそが自律して地域開発ができる、ほかのサービス業などは従属的な産業である、というものだった。人口が増えたら建設業や教育産業、医療やサービス業も自《おの》ずと増えるが、自律して動けるのは大規模工場だけだ、という論旨である。

しかし、これは歴史的に見ても、理論的にもまったく間違っていた。世界の大都市で工場からできた街は、ごくわずかだ。多くは城下町や商業都市であり、工場が最初に建てられて、しかる後に人工的に街ができたのは、日本でいえば九州の八幡《やはた》か延岡《のべおか》くらいであろう。下河辺さんは強引に、めちゃくちゃな理論を立てたと言わざるを得ない。おそらく最初に結論（政策目的）があり、あとから理由付けをしたのだろう。

大きな工業コンビナートを作るために、公共事業をやたらにつけて、埋立地を造成し、工業用水路や道路を作った。そして、そこに住んでいる人のための文化施設も作ろうという。それが多目的ホールである。

多目的ホールというのは、歴史を辿《たど》るとナチスが始めた「全体劇場」だ。一つの劇場で、音楽会もバレエも芝居も講演会も、何でもできる施設である。

「何でもできる」ということは、「何をしても最適ではない」ということでもある。

地方在住の工場労働者に、東京の文化の香りだけ嗅《か》がせてあげようという、「官僚的恩賜《おんし》思想」が透《す》けて見える。これは先ほど述べた「東京一極集中」にも通じるのだが、「本当の文化は東京にしかない」という発想である。戦後の官僚は、そういう仕掛けを作ったのだ。

たとえば多目的ホールで歌舞伎を上演すれば、花道がないから役者が舞台の横っちょから出てくる。花道は、本来は劇場の真ん中になければならないのだ。また幕が吊られているので、天井に音が抜けるから音楽会でも最適ではない。何でもできるはずなのに、実は何も満足にできない。ちゃんとしたホールは東京にあればいい、地方では東京の文化の香りだけ嗅がせれば十分、というわけだ。

「東京の劇団がたまに地方へ行って、多目的ホールで地方在住者にも文化の香りを嗅がせてやれ」

このようないやらしい、もしくは素晴らしい仕掛けを官僚主導で作ったのである。

■会社人間になりなさい

四番目は、終身雇用と「職場単属人間」の徹底である。

サラリーマンに対し、会社では終身雇用と年功序列で待遇を保全する。その一方、家庭では「隣《とな》り近所と付き合うな」と「会社人間化」を徹底した。つまりは会社（職場）単属人間になれ、ということである。

かつての日本では、非正規社員のほうが日当は高かった。たとえば一人で請《う》け負《お》う叩《たた》き大工（所属のない大工のこと）のほうが、常用の大工よりも賃金が高かった。それをひっくり返して、「常用でないと損だ」というふうにした。サラリーマンも同様で、正社員の待遇を厚くしていった。それが「年功序列」である。その代わり、正社員は隣り近所や親類縁者と付き合うな、全身全霊を会社に捧《ささ》げよ、というのである。

今から三〇年以上前の一九八三年（昭和五十八年）に「金曜日の妻たちへ」というテレビドラマが放映された。大人気を博し、その後シリーズ化され「恋に落ちて」という主題歌も大ヒットした。東京近郊の新興住宅地に暮らす夫婦が主役で、近所の同じ世代の夫婦たちと付き合う話だった（付き合いが深まり、不倫関係になる）。あのドラマに対して、「隣り近所と付き合う正社員など許せない」と官僚は激怒した。

なぜかと言えば、サラリーマンが隣り近所と付き合うと、その近所どうしのコミュニティに安住の地を見出《みいだ》して、会社の命令で転勤しなくなる、というのだ。

会社の言うことを聞かないサラリーマンが増えれば、労働現場の企業への忠誠心が落ちる。だからサラリーマンは、会社の命令があればどこへでも転勤しなければならない。すなわち「会社人間にならなければならない」というのである。そこでサラリーマンに単身赴任を勧《すす》めた。そのために多くの企業は、単身赴任者には「月一回程度の東京出張を認める」ことにした。多くの企業では、これを「生理出張」と呼んだものだ。

そんな苦労の代償として、終身雇用と年功序列で身分を守ってやり、「非正規は損だ」という仕掛けを作ったのだ。

■規格化された人生

さて官僚主導の基本方針、最後の五つ目は「人生の規格化」である。

「日本人たるもの、子が生まれたら、なるべく早く託児所か幼稚園に入れろ。親元に置いておいてはいけない。小、中、高、大学と、切れ目なく進め。受験浪人《ろうにん》はダメである——それが社会人になるまでの唯一の正しいコースであるとされ、他のコースは選択肢として否定されてしまった。

私たちの世代（昭和十年代生まれ）は浪人が多くて、東京大学の学生は浪人組が七割くらいいたものだった。今は、浪人などをするのは怠《なま》け者や不良であって、入れる大学へストレートで切れ目なく入れ、ということになった。

そして次に、学校を卒業したら、ただちに就業しろ。学校にも通わず就業もしないニートは「不良である」と言い出した。

外国では高校を卒業して就職し、社会人になってからまた大学へ行って……という人も多く、人生は一直線とは限らない。だが、日本では卒業したらすぐ就業、という切れ目のない流れを作ったのだ。だから新卒ではなく、卒業から間《ま》を空《あ》けての既卒者では就職に非常に不利になることが多くなるのである。

そして、就職したらまず蓄財をしろ、である。蓄財して預貯金などがある程度たまったところで結婚しろ、とも言う。「蓄財もせずに結婚するのは無責任である」というわけだ。

結婚してから子どもを産め。子どもを産んだら夫婦共働きで育てろ。そのため女性には、買い物は楽しみではなく仕事として早く済ませろ、と言う。つまり無言の買い物をしろ、無駄話するなということになったのである。

さらに夫婦二人で働き、できるだけ早くローンを組んで住宅を買いなさい。ローンを支払い終わったら、だいたい中高年になっているから、あとは老後に備えて役人にお金を預けなさい。すなわち公的年金に加入しろ、というのだ。役人がそのお金を世のため国のために上手に使ってやるから、と年金制度を作ったのだ。そして「老後は子どもの世話になるな、老夫婦だけで淋しく暮らせ」ということを徹底させた。入学、進学、卒業、就職、蓄財、結婚、出産、住宅、年金……このような一本調子の人生を日本人のスタンダードとしたのである。

この結果、何が起きたか。官僚主導の行政で「親子の絆」を切断したのだ。子どもが小さいころは学校へ入れることで切断し、長じて親が高齢化すると年金制度によって老夫婦たちの暮らしが切断される。つまり家族を崩壊させたのである。

こうして見ると分かるように、官僚と家族は常に対立的だ。

官僚は基本的に国の単位で物事を考える。国家をどうしたらいいのか、というのが彼らのスタンスなのだ。だから自然と彼らの考えは国家総動員思想になる。したがってプライベートな家族というものは軽視、いや敵視されるわけだ。

官僚は家族と地域を嫌う。外国ではみな地域の教会に属して、地域社会の付き合いがさかんである。外国に住むと、隣り近所がうるさいくらいにいろんなことを言ってくるが、日本では「隣りは何する人ぞ」と、素知《そし》らぬ顔でいられる。隣人どうしが団結するのは公害反対運動か、いやな施設を造られるときくらいで、あとは付き合わない仕掛けができあがっている。そして、親と子もあまり付き合わない。それは、地域や家族が団結すると官僚の命令が通らないからだ。官僚は、国民が役所と職場に偏《へん》重《ちょう》する社会にしたいのである。

■はがきの名文コンクール──日本人の願いは内向きになった

戦後、官僚が五つの基本方針の下《もと》に進めた「さまざまな政策」を見てきた。その結果、現在の日本人の生活は、安全・安心・清潔・正確・平等の五点を得た。だが、その代わりに、楽しみがなくなった。日本は、言うなれば「天国」を作ってしまったのである。

「天国」は、そこからさらに上に行く階段がない。上に行く楽しみがなく、下に落ちる心配ばかりしている世界だ。日本という「天国」に入る資格を得るのは容易ではない。外国人は、まず入れない。

みんな天国から落ちまいとして、雲の端《はし》につかまっていなければならない。これが天国にいる人間の不幸だ。

天国の人間はみな、品行方正で、規格どおりに生きなければならない。地獄には一丁目から八丁目があり、血の池もあれば針の山もあるが、その分、変化も刺激もある。たしかに今の日本という「天国」は、安全で安心で正確で清潔で平等だ。しかし、行けども行けども花園一色で、おもしろみがないのである。

私は、二〇一五年から毎年開催される「はがきの名文コンクール」の審査員を務めている。奈良県御所《ごせ》市に、カフェを併設した「郵便名柄《ながら》館」という施設があり、明治初年から昭和までの時代を象徴する郵便切手を拡大した野外展示をしている。この建物は一〇〇年ほど前に開設された木造洋館の旧郵便局を再生したもので、一種の産業

はがきに書かれた「一言の願い」

「はがきの名文コンクール」の宛先、郵便名柄館　朝日新聞社

遺産である。

「はがきの名文コンクール」は、地元にある一言主《ひとことぬし》神社にちなみ、「一言の願い」をテーマに、この「郵便名柄館」宛《あ》てにはがきを投函してもらうというコンクールだ。第一回の二〇一五年には全国から三万九五〇〇余通、五歳から一〇一歳までの方が応募してくれた。

　これほどたくさんのはがきが送られてきたのはありがたいことだが、ただ応募された「一言の願い」の内容が、ほとんどすべて内向きだったのは気になった。最も多かったのは「死んだおじいちゃん、おばあちゃんに会いたい」というような願い。次に来るのは「家族の病気を治してほしい」「平和な暮らしが続けられますように」といったものだ。

もちろん、家族のことを思うやさしさはよいのだが、将来の展望を語り、明日への希望に夢を膨《ふく》らませる類《たぐい》の願いがほとんどなかったことに私は愕然とした。

「将来はサッカー選手になりたい」「宇宙飛行士になってロケットに乗る」「会社社長の座に就《つ》く」「日本を導《みちび》く政治家を目指したい」という若者はいないのである。

ようやく見つけた前向きな「願い」は三通。お寺の住職志望の青年、消防士志望の少年、そして「ケーキ屋さんになって近所の人たちを喜ばせたい」という少女の書いたものだった。

■明日の夢がない

これだけで世の風潮を断じるわけではないが、ここで如実《にょじつ》に現われた「欲望の低さ」は、今の日本のあらゆる場面で見られる。

まず驚いたのは、若者の間に広がる「物欲の低下」だ。二十世紀の日本では、多くの人たちが独身、家族持ちにかかわらず「豊かなモノ」に憧《あこが》れ、ブランド品を買い、電気製品を揃え、自動車を買った。中年世帯は分譲住宅を探して展示場を廻《めぐ》った。

昭和時代の終わりから経済は失速を始め、やがて日本は低成長時代に入った。今、若い人たちは車やブランド衣料を欲しがらない。最近は高級衣料品ではなく、安価なチェーン店の商品が人気だし、電気製品も最小限、必要に応じてレンタルするという人も多い。自動車はレンタカー、あるいは最近は「カーシェアリング」制度もよく耳にするようになった。一九八〇年代以降に生まれた世代は、モノを持つことにステータスを感じないらしい。

第二に、若い世代に「未来への夢」が乏《とぼ》しい。バブル景気がはじける直前の、一九九〇年ごろまでは、年々経済は成長し、収入も上がった。誰もが「明日は今日より豊かだ」と信じて夢を描くことができた。

だが、九〇年以降の日本は、経済も人口も頭打ちで、よほどの努力と幸運に恵まれない限り人生を変えるほどの飛躍はない。むしろ今ある「天国」から滑《すべ》り落ちることを恐れ、日本人はみな臆病《おくびょう》で心配性になってしまった。飛躍を夢見て海外に留学する青少年も減った。欧米での日本人留学生は少数派であり、いまや中国や韓国からの大集団に圧倒されている。

■「低欲望社会」という危機

最も気がかりなのは、四〇歳にして一度も結婚を経験していない男性の急増である。

私は一九七五年（昭和五十年）当時、四〇歳で結婚未経験だったが、きわめて珍しい存在だった。高校や大学の同級生、役所の同期入省者もみなが結婚を経験し、多くは子持ちだった。だから、結婚未経験の私に結婚を迫る圧力が、四方から感じられた。

ところが二〇一五年（平成二十七年）になると、四〇歳の男性の三〇パーセント以上が結婚未経験者である。生涯未婚で終わる男性も二〇パーセントと予想されてい

40歳未婚率の推移

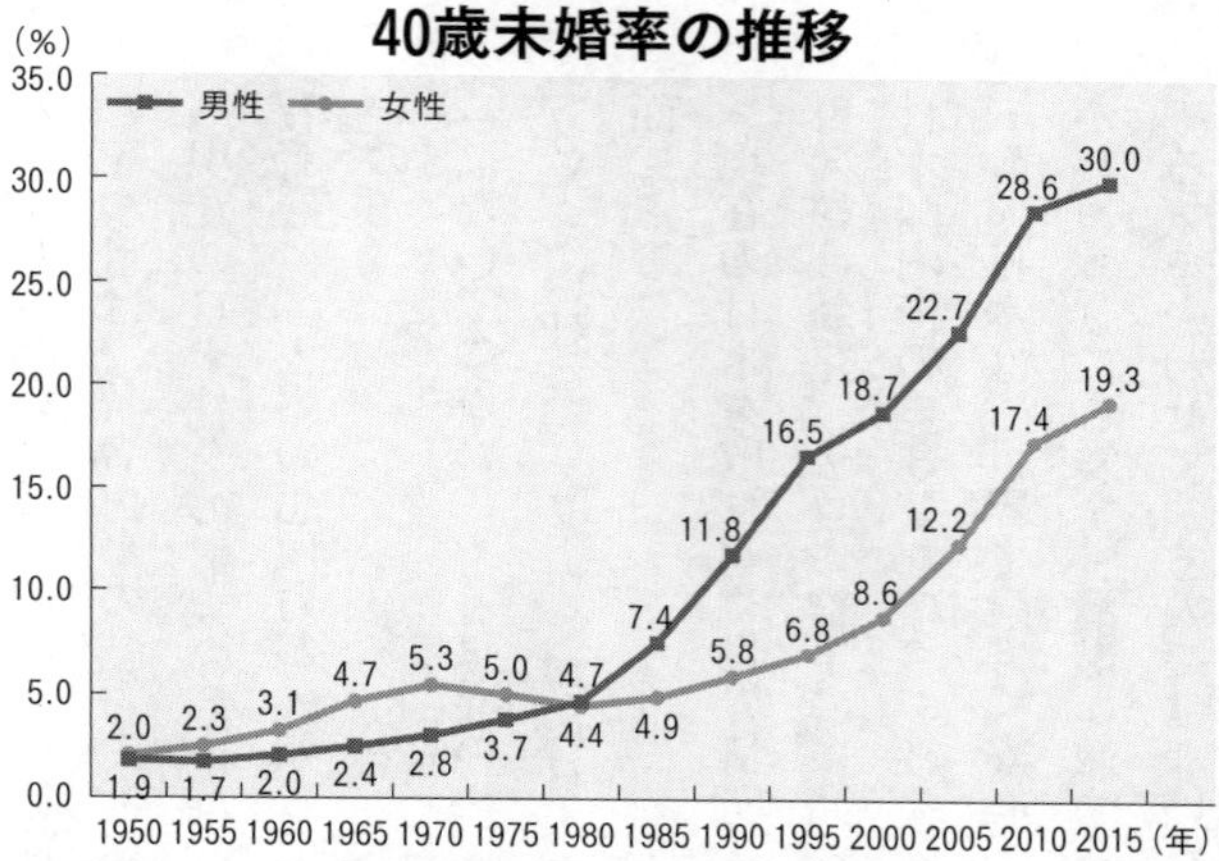

国勢調査を基にした5歳階級（40歳〜44歳）の未婚率。総務省統計局による

る。

なぜ、これほど四〇歳男性の未婚が多いのだろう。経済的な問題なども言われるが、かつて今よりもはるかに貧しい時代に、日本人は若くして結婚し、どんどん子どもを産んでいた。海外を見ても、貧しい国のほうがむしろ早期に結婚し、若い年ごろで出産する率が高い。貧しさは未婚の理由ではないし、今の日本の若者は貧しくもない。

それでもなぜ日本では、結婚しない者が多いのか。

私は、理由は二つあると思う。

一つは私の若かった時代のように、周囲

から結婚を強《し》いる社会的圧力の機能がなくなったことだ。

二つ目は、若者自身の結婚生活への想像力と決断力が欠如していることだろう。

現在の日本社会の最大の危機は、社会の循環を促《うなが》す構造が崩れつつあることと、若者層に「人生の想像力が欠如している」ことである。つまり「人生をやる気」がないのだ。

「欲ない、夢ない、やる気ない」。「ない」の三つに共通する頭文字は「Y」だ。この「3Yない社会」こそが、現代日本の最大の危機であり、「三度目の敗戦」の大きな断面である。

現在の日本を取り巻く世界情勢は非常に厳しい。アメリカと中国の貿易戦争、北朝鮮の核武装化、テロや紛争の多発と難民の増加……。しかし最も重大な問題は、この日本国内での「3Yない」の社会風潮だ、と私は考えている。

今の日本は、世界で最も「安心、安全、清潔、正確、そして平等な国」である。しかしあまりにも安全・清潔に徹する規制と厳格な基準ゆえに、人々の楽しみを奪い、やる気を失わせているのではないだろうか。

本章では、戦後官僚主導が五つの基本方針の下に進めてきたさまざまな政策を検証した。そこで分かったことは、こうした政策の結果、現在の日本は、夢もなければ冒険しようとする気も湧《わ》かない「低欲望社会」になってしまったということである。この憂《うれ》うべき事態を、どこかで変えなければいけない。いま、二〇一九年の日本は、敗戦的現実を認めて「三度目の日本」を創《つく》っていかなければならない。そのためには、やはり倫理観と美意識、すなわち世の中の価値観を変えなければならない、と私は考える。

第二章

第一の敗戦——「天下泰平」の江戸時代から「明治」へ

——近代日本はどのように幕を開けたのか

■何が社会を決定するのか

本書の「はじめに」で述べたように、社会の形を決めるのは価値観である。価値観は、とどのつまりは「美意識」と「倫理観」で成り立っている。その時代を生きる人々が抱《いだ》く「何が美しいか」という美意識、「何が正しいか」という倫理観、この二つの意識が価値観の構成要素であり、その価値観によって世の中の形が決まる。

したがって、価値観が変わると、世の中はまったく変わる。いつの時代も、価値観に基づいて社会の大きな仕組みができあがっているからである。その仕組みの中で個々の人間や人間集団が経済運営、政治活動、芸術運動などを行なっているのだ。上部に価値観があり、下部に各々《おのおの》の活動がある。

「敗戦」とは、この価値観が変わることだ。何が美しいか、何が正しいかという意識、感覚、考え方ががらりと変わる。それが世の中の大転換を引き起こす——つまり敗戦現象である。

以上のことを今一度、確認していただきたい。

日本が近代以降、二度の敗戦を経験し、今、三度目の敗戦を経験しようとしていることは前述した。近代になってから約一五〇年の間、日本が経験した二度の敗戦とはいったいどのようなものであったか。価値観はどう変わったのか。それをつぶさに見ていくことで、現在われわれが対峙《たいじ》する「三度目の敗戦」の姿が鮮烈に浮かび上がってくるだろう。

そのために、一度目の敗戦を迎える前の社会、江戸時代に遡《さかのぼ》ってみよう。

■「変わらないことが正しい」とされた江戸の社会

世の中の価値観を支える二つの柱は美意識と倫理観である。江戸時代の社会の美意識と倫理観はどうだったか。

江戸時代の二六〇年間、その基本は「様式」と「協調」に基づく「安定」であった。すなわち「天下泰平」である。つまり、世の中の仕組みが変わらないことが正しく、美しく、一番大事なことだ。そのためには、生活の豊かさも、社会の利便性も、時には人命の安全性までも犠牲にした。社会の安定性が、何にもまして重要だとしたのである。

社会が安定するためには、まず、できるかぎり人口は移動しないほうがよい。また、商品の移動も抑《おさ》えなくてはならない、と考えた。どうしても自然の流れとして、生産性の高い地域に生産が集中し、人口が集まる傾向がある。

そこで、できるだけ人口移動を抑えるため、人々の移動を制限しなければならない、と考えた。コストが高ければ人々は移動しない。コストを高くするためにはどうするか。道路交通を不便にすればいい、と考えた。

だから、江戸、京洛《きょうらく》、大坂の町といった幕府直属の町中《まちなか》と城下町以外では、車(車輪をつけた乗り物)の使用が禁じられた。大名行列の絵図を見ても、一台も車がない。馬はいても馬車はない。すべて人夫《にんぷ》と馬の背に頼っている。車が使えなければ、速《すみ》やかな移動ができず、重量物を運ぶこともできない。

さらに、最大の幹線であった東海道の大井川《おおい》には橋を架《か》けなかった。それにより

橋を架けなかった理由

江戸時代は社会の安定を第一として、人口の移動が制限された。そのため東海道の大井川には、渡し舟はおろか橋を架けず、交通の難所としたのだ。川を越えようとする人々は、人足に渡し賃を払い、上図のように輦台（れんだい）に乗る以外になかった

歌川亭国久「東海道川尽大井川の図」／国立国会図書館

「箱根《はこね》八里は馬でも越すが、越すに越されぬ大井川」と唄われるほどの交通の難所となった。

当時の日本の技術をもってすれば、大井川に橋が架けられないことはなかった。もっと大きな天竜《てんりゅう》川や利根《とね》川には、橋は架かっていたのだから、大井川に架けられないはずはない。しかしそこに橋はなく、大井川だけは「徒渉《かちわたし》」といって雲助《くもすけ》（人足）に担《かつ》いで渡してもらう方法しかなかった。しかも大水が出たら川止めになって、何日も待たなければならない。つまりこれだけ不便にすれば、よくよくの人しか旅行しないだろうという狙いで、あえて大井川に橋

を架けなかったのだ。そして、雲助という特別な職業を保護し、彼ら職能集団＝ギルドに利権をもたらしていたのである。

これはもちろん、江戸の大名藩邸から人質である大名の妻子が出て行かないようにする「出女《でおんな》」、あるいは鉄砲の搬入を取り締まる「入鉄砲《いりでっぽう》」と同列の、治安上の措置でもあった。しかし、やはり旅行にコストがかかり、経済的に引き合わないように仕向けることが架橋しなかった主たる目的である。「箱根の険《けん》」も、あえて道路を整備しない。すべての道路は舗装せず、車が通ったら轍《わだち》ができて、雨が降れば川になった。

織田信長《おだのぶなが》が十六世紀にすでに石の道路を造っていたのだから、日本人に架橋技術や舗装技術がなかったわけではない。ところが、江戸時代の美意識と倫理観のうえで、舗装道路を造らなかったのである。

車が使えないとなれば、重量物を運ぶのはもっぱら船になる。上方《かみがた》から江戸に荷物を運ぶのは廻船《かいせん》だが、嵐になれば船が出ず、江戸は「下《くだ》らない」町になってしまう。廻船が「下らない」ことにかけて、つまらないことを「くだらない」と言ったわけだ。加えて船は、悪天候になると風待ちをしなければならないから、到着までのスケジュールが立たない。

こうした物資の運搬が困難ななか、これを逆に利用して嵐の日にみかんを運んで大いに儲けたのが紀伊国屋文左衛門《きのくにやぶんざえもん》である。

さて、その廻船についても、幕府は帆柱《ほばしら》一本の船しか認めなかった。ヨットを操縦した経験がある人なら分かるだろうが、帆柱が一本しかない船は逆風だとなかなか動かず、きわめて運航が難しい。したがって、逆風の間は風待ちのため港で待機するしかなく、コストが高くついた。さらに嵐に遭《あ》うと非常に危険であり、カムチャッカまで流された大黒屋光太夫《だいこくやこうだゆう》のような例もたくさんあったらしい。

さらに造船技術の面でも規制がかけられ、ネジ釘を使ってはいけなかった。船には鎹《かすがい》しか使えないことになっていたのだ。鎹は基本的に二つの部材をつなぎとめるための金具であり、ネジ釘に比較すると強度ははるかに劣る。そのため、船は嵐に遭うとすぐにバラバラになって難破してしまうことになる。

これについてもまた、戦国時代には鉄砲にすでにネジ釘が使われており、日本に技術がなかったわけではない。しかも中国のジャンクやヨーロッパの遠洋船が長崎《ながさき》に来ていたから、彼らからネジ釘の技術も学べたはずだ。しかし幕府はあえて規制し、船による物流についても、やたらと危険とコストがかかるようにしたのである。

物の流通をコスト高にすることで、各地域の物産が移動することなく、地域の生産が維持できる。これを如実に示したのが「忠臣蔵《ちゅうしんぐら》」に登場する赤穂《あこう》の塩だ。これは私が書いた小説『峠の群像』を読んでいただければよく分かる。生産性の高い赤穂の塩の販路拡大を目指す浅野内匠頭《あさのたくみのかみ》に対し、生産性の低い吉良《きら》の塩の市場を維持しようとする吉良上野介《こうずけのすけ》が快く思っていなかった、という話である。

中央集権と地方分権の二重構造

こうして物流を制限する反面、江戸、大坂に人口が集中する中央集権型の幕藩体制を敷《し》いていたのが江戸時代だった。ただし中央集権体制であるが、三〇〇諸藩は地方自治である。一方で中央集権があり、他方で地方分権があるという、世界史的にもき

江戸の通貨

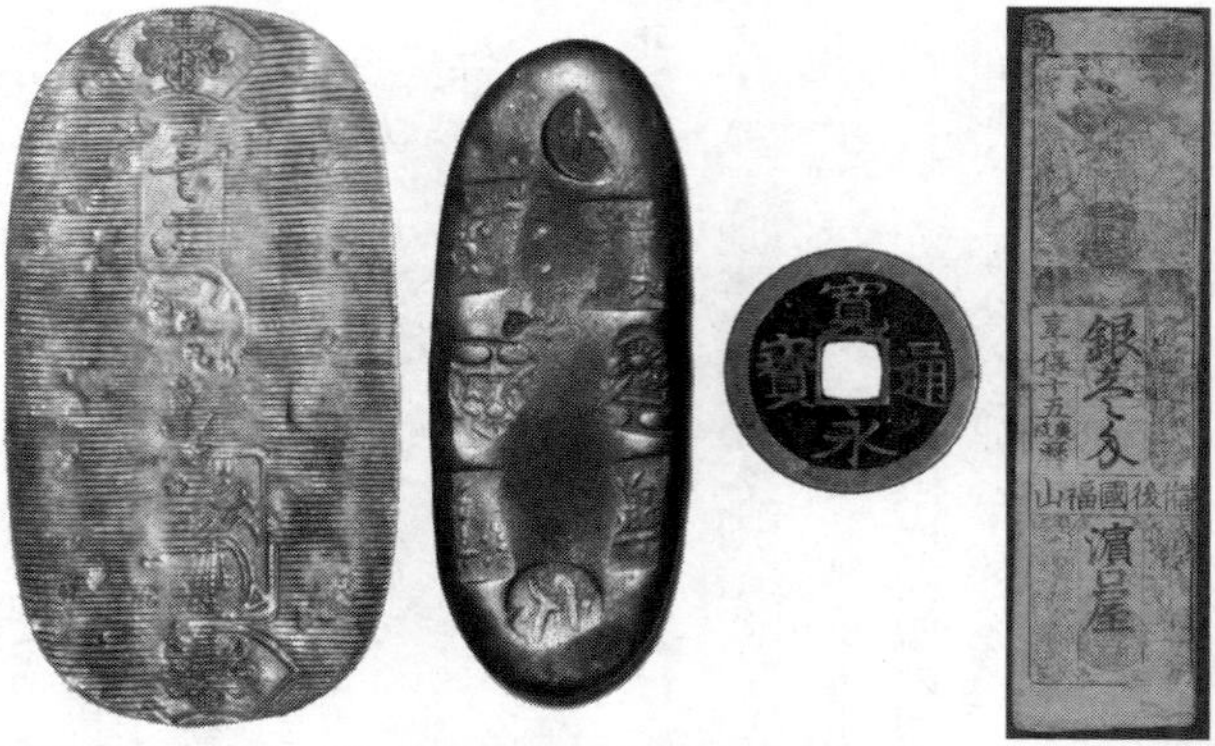

幕藩体制下、金・銀・銅の全国通貨が流通した。左から金貨（慶長大判）、銀貨（元文丁銀）、銅貨（寛永通宝）。一方、諸藩では地方通貨として銅貨と藩札（右端／備後福山藩のもの）が使われた

わめて特殊な国を作った。

徳川幕府は、江戸、京、大坂の三都市、のちに長崎を加えた四つの重要な都市をはじめ、主要な港や鉱山などを直轄《ちょっかつ》領として支配した。幕府直轄地の天領（御料所《ごりょうしょ》）は、その石高《こくだか》が全国のおよそ三割を占めていた。

貨幣鋳造《ちゅうぞう》権も幕府が一手に握り、金、銀、銅の三種類の貨幣を全国通貨として流通させた。いわゆる「江戸の三貨制度」である。金貨は大判と小判の計数貨幣（個数を数えれば価値が分かる）であり、銀貨は丁銀《ちょうぎん》、豆板銀《まめいたぎん》などの秤量《ひょうりょう》貨幣（重さで価値を量る）であった。銅貨は「銭《ぜに》」と呼

ばれた。銭形平次《ぜにがたへいじ》の「銭」である。

ちなみに「東国の金遣《づか》い、西国の銀遣い」と言われるように、江戸では主に金が流通し、銀は大坂、京を中心とする西日本で流通していたが、これは取引の決済手段に金と銀のどちらを用いてきたかという商習慣の違いに由来する。

一方、地方の諸藩においては、金貨や銀貨はほとんど使われず、もっぱら藩札《はんさつ》と銭だけの世界であった。

この二つの地方通貨は、一定の比率で全国通貨との換算が可能であったが、流通は非常に限定されていた。いわば全国通貨が現代のドルのような国際通貨（基軸通貨）であり、地方通貨が各国通貨というシステムができていたのだ。また藩札を金、銀の正貨に替える換算率は、藩の信用によっていささか違った。よく知られている逸話としては、赤穂藩が浅野内匠頭の切腹で、お取り潰《つぶ》しになるが、藩札を六分ないし七分（額面の六割から七割）で交換し、「店じまい」（藩財政の清算）をしたという。これはかなりの高率であったらしい。

もっと時代が下ると、さらに藩札の価値は地域によってまちまちになった。こうして中央集権と地方分権とが、同時に成立していたのが江戸時代である。

■安定のなかでの流動性

この機構によって生まれた社会が、「封建的身分社会」と呼ばれた世の中である。封建社会は身分社会であり、士農工商の階級があった、とされる。だが実は、その階級間の移動はきわめて自由だったのだ。特に女性は、八百屋の娘が、将軍家に嫁ぐ公家《くげ》の娘に付いて江戸に上がり、将軍の手が付いて出産、次期将軍の母になった例もある。

男性でも、農民の息子が一代にして城代家老《じようだいかろう》になるなど、ごく普通にあることだった。

たとえば「忠臣蔵」に出てくる大野九郎兵衛《おおのくろべえ》は城代家老になるが、もともとは明石あたりの農民の子だと言われている。大石内蔵助《おおいしくらのすけ》だけは藩主の親類で家付き家老だが、ほかの家老たちはみな一代家老であり、それぞれ自分の才覚で出世したのである。

江戸幕府でさえも、柳沢吉保《やなぎさわよしやす》などは数百石の下級旗本からたちまちにして一五万石の大名に取り立てられるなど、こうした破格の出世の例は数多く見られた。つまり身分は固定されているものの、身分間の移動はきわめて自由に行なわれていたのである。

また商人の社会では、かなり流動性が高かった。江戸時代の初期に栄えた平野屋《ひらのや》や後藤《ごとう》といった商家は二代から三代で勢力を失い、また新興商人が現われるという出入りの激しさである。ずっと隆盛を保った鴻池《こうのいけ》のような例もあるが、基本的には非常に流動性が高かったのだ。

これが江戸時代の社会である。世の中は大枠では安定しながら、それぞれの経済主体の変動が激しい状態であった。そして、それが人々の一つの楽しみになってもいた。浪人になる者もいれば、浪人から家老に取り上げられる者もいる。しかもその「浪人」は、武士でもなければ町人でもない、やくざでもないという奇妙な階層だ。そうしたグレーゾーンのような階層が生まれるほど、自由度の高い社会だったわけである。

■「禄《ろく》」と「権《けん》」と「位《くらい》」の三つ巴《どもえ》

さらに江戸時代の仕組みの大きな特徴は、「禄」と「権」と「位」を完全に分離したことだ。

禄とは世俗の収入、つまり経済的な収入を指す。権は文字どおり権力を握る役職、位は律令制に基づく位階（官位）のことである。別章でも述べるが、江戸の社会では権力や位階は禄と切り離されて、別の者たちが担《にな》っていたのである。

このことを如実に記したのが、先ほどから例に挙げている「忠臣蔵」だ。私が書いた『峠の群像』は、元禄《げんろく》時代を史実に忠実に描いた作品である。

そもそもの事《こと》の始まりは、年賀に来る天皇の使い「年賀使」をいかに迎えるか、というものだ。年賀使を迎えるのが饗応役《きょうおうやく》だが、それに対して作法を教えるのが高家《こうけ》の役割である。江戸期に公家《くげ》になりそこなった足利《あしかが》時代の名門二十数家が高家に選ばれている。それが幕府で朝廷関連の儀典を司《つかさど》り、作法を教えたり、伊勢神宮や日光《にっこう》東照宮《とうしょうぐう》へ代参《だいさん》に行ったりした。饗応役は数万石の中規模大名から選ばれた。

元禄八年に選ばれた饗応役が、播磨《はりま》赤穂藩藩主の浅野内匠頭である。その指導役が高家の一つである吉良家の吉良上野介、接待される年賀使が柳原資廉《やなぎわらすけかど》という権大納言《ごんのだいなごん》にまで叙《じょ》せられた公家だった。家格というか位の点では、下位の者が上位をもてなすのは当然である。ところが禄を見ると、浅野は五万三〇〇〇石、吉良は四八〇〇石、接待される柳原権大納言はわずか二三〇石なのだ。

みごとに禄と位が、逆になっているわけである。位では勅使の柳原権大納言が高く、権力では吉良が偉く、禄では浅野が豊かという逆転があった。

社会を安定させるためには、すべての人に少しの満足と大きな不満を与える——これが徳川幕府の安定社会の作り方だった。その仕組みが元禄からずっと後の、文化文《ぶんかぶん》政《せい》時代、あるいは幕末近くまで続くのである。

これによって、日本は二六〇年の安定社会を勝ち得た。天下泰平、そして五穀豊《ごこくほう》穣《じょう》が人々の願いだった。五穀豊穣は当時としては自然現象、天候に左右されるので、これは幸運を祈るしかない。だが天下泰平は社会の倫理だから、人々の心がけ次第で実現できる。そういう社会の仕組みであった。

■「変わらない世の中」のためには人口も抑制する

日本史の研究家、とりわけ外国人の研究家には「日本の江戸時代は階級差別、身分制が厳しかった」という説を唱える人もいる。特によく持ち出されるのが、武士が非礼を働いた庶民を斬っても許容されたという「切捨御免《きりすてごめん》」である。ところが実際には、武士が刀を抜くのは切腹《せっぷく》覚悟、切捨てなどできなかった。江戸時代を通じて、殺人事件はきわめて珍しかったのだ。特に元禄以後、その数は激減する。

堀部安兵衛《ほりべやすべえ》の「高田馬場《たかだのばば》の仇討《あだう》ち」（元禄七年）や荒木又右衛門《あらきまたえもん》の「鍵屋《かぎや》の辻の決闘」（寛永一一年）が有名な話として語り継がれるのは、珍しかったからである。刃傷沙汰《にんじょうざた》がしょっちゅうあったら、これほど有名にはならないであろう。殺人の発生率は、おそらくこの時期としては世界一低い時代だっただろう。

そういう社会であったから、もっぱら社会が変化しないこと、安定していることが最大の倫理であった。これを当時は「天下泰平」と言った。江戸時代の人々の願いは、この「天下泰平」と「五穀豊穣」である。「五穀豊穣」は天に祈るしかないが、「天下泰平」は社会の倫理であって、正義である。「天下を変化させようとすることは悪だ」という信念を人々は抱いていた。

「天下泰平」を維持するために、人口を移動させない、増やさない。そのためには産《う》まれてくる子どもの間引《まび》きも行なわれた。だが、特に重要なのは、江戸の町人は結婚を制限されてもいたことである。

士農工商の「商」、すなわち商家に年季奉公《ねんきぼうこう》する町人の場合、およそ一五歳で丁稚《でっち》に入り、二十代で手代《てだい》、三十代中ごろで番頭《ばんとう》になる。その間、ずっと部屋住みである。言ってみれば寄宿舎に住んで、歳《とし》を重ねたわけだ。四〇歳くらいになると「通い番頭」と言って、自宅を持って通うことが許される。するとようやく結婚できるのだが、すでに四十代だから、そんなにたくさんの子どもは持てない。

また士農工商の「士」である武士でも、参勤交代で江戸住みの下級武士は、みな国《くに》許《もと》からの単身赴任である。侍《さむらい》長屋《ながや》に独居するのが原則であり、結婚はめったに許されなかった。

こうした独身の男たちの性欲処理を担《にな》っていたのが、幕府公認の廓《くるわ》（遊郭《ゆうかく》）である。江戸の代表的な廓は吉原《よしわら》であった。明暦《めいれき》の大火で全焼し、浅草寺《せんそうじ》の裏手のほうに移転したが、もともとは日本橋近くに設置された。

大坂は町中の区割りがはっきりしていて、北と南──北新地と道頓堀《どうとんぼり》の千日前《せんにちまえ》に花街《かがい》を集中させた。町の北側、蜆《しじみ》川から北と、道頓堀から南にしか花街を作らない。真ん中の船場《せんば》、島之内《しまのうち》には作らないという決まりにしていた。こうすれば職場のある船場や島之内から花街までは一里ほどあり、ちょっと仕事の合間に遊ぶということができない。手代や番頭が仕事中に廓に行かないように、できるだけ職場から離したのだ。

これは現代から見ても非常に優れた都市計画で、遊び場を北と南に置いて、真ん中のビジネスセンターと住み分けをした形である。

このような仕組みの社会だから、江戸や大坂のような大都市では非常に出生率が低い。江戸は「万年女日照り《おんなひでり》」と言われ、北関東や甲信地方から女性を連れてきた。また大都市には職を求めて地方から人が流入するとはいえ、新生児の出生が少ないのだから人口減少地となる。地方は地方で、都市に人を取られて人口が増えない。こうして、天下泰平のために人口を抑制する仕組みができていた。

平成二十九年、東京の出生率は一・二一。これは日本の都道府県で最低だが、その伝統はどうやら江戸の結婚制限および出産制限から引き継がれているのではないかと思われる。

揺らぎはじめる「天下泰平」

さて、この「天下泰平」という価値観は、十九世紀の半《なか》ばから揺らぎはじめる。

海外では、すでにイギリスが第一次産業革命を成し遂げ、アメリカとフランスは民主国家となっていた。天保《てんぽう》から弘化《こうか》、嘉永《かえい》と時代が下るにしたがい、そろそろ日本も天下泰平だけではなく、進歩を考えたらいいのではないか、とする声が噴出しだして

恐ろしさを誇張された外国人

2点ともペリーを描いた絵。左は青龍刀を持っている

左・横浜開港資料館蔵　右・一般財団法人 黒船館蔵

いた。そこにあの「黒船」がやって来たのである。

「黒船」のメッセージは、「日本人よ、天下泰平もいいけれど、窓を開けて世界をごらんなさい。世の中はこんなに進歩し、便利になっています。天下泰平より、進歩がいいのではないですか」というものだ。

黒船来航に日本人は驚天動地《きょうてんどうち》した。幕府は「外国の艦隊は江戸湾に入らないで長崎に行け」と伝え、ロシアのプチャーチン提督はそれを守って長崎に行った。しかし、アメリカのペリー艦隊＝黒船は、「いつまでも時間をかけられない」と江戸湾に入ってきた。江戸は大騒ぎになった。

ペリーはアメリカの国書を幕府に示し、「一年のちに返事を受け取りに来る」と言い残して、ひとまず香港《ホンコン》へ去った。実際には「一年のち」ではなく、約半年後にふたたび浦賀《うらが》へやって来ることになる。

天下泰平を唯一の倫理と信じる人々は「黒船なんか叩き出せ」と叫んだが、幕府は一般庶民よりは、いささか外国の事情を知っていたから、外国艦隊を武力で叩き出せないことを分かっていた。したがって、とりあえず一部の港を開くことで開国を引き延ばそうとした。

そこでまず幕府官僚が考えたのは、「あの黒船の外国人、つまり南蛮《なんばん》人は恐ろしい連中である。だから、できるだけ一般人は付き合わないようにしなさい」と人々に宣伝することだった。

そのため黒船来航から開国までに描かれた錦絵《にしきえ》などの外国人は、みな天狗《てんぐ》か鬼のような容貌になっている。高く大きな鼻から葉巻の煙を出し、デフォルメされて恐ろしい形相《ぎょうそう》をした外国人の絵を、教科書などで見たことがあるのではないだろうか。

幕府は「こういう恐ろしいやつだから一般市民は付き合わないようにしなさい」と広

めたわけだ。

ところが、これが効《き》きすぎて人々の間に攘夷《じょうい》思想が生まれる。「外国人を武力で叩き出せ」という攘夷思想は、そもそもは幕府が流した情報が元なのである。

日本人の多くは当時の西洋近代文明、文明の利器の力を知らなかったから、本気で攘夷ができると思っていたらしい。

一方、幕府は外国の文明がどの程度のものか知っていたため、とてもではないが欧米先進国を叩き出すことはできない、と考えた。そこで妥協策として、日米和親条約、日米修好通商条約を結ぼうとしたのである。

ところが、外国のことを知らず「叩き出せる」と信じていた町人などから反対の声が起きた。彼らが一部の勤王《きんのう》の志士、尊王《そんのう》攘夷派に煽動《せんどう》されて、開国と条約締結に反対する運動が起き、尊王攘夷派はその動きに加担することとなった。

つまり幕府は、自らが作った世論によって自縄《じじょう》自縛《じばく》に陥《おちい》ったのである。

■外国軍に歯が立たなかった攘夷派

井伊直弼《いいなおすけ》大老の発想によると、条約を結んでできるだけ小規模な開国をし、欧米の納得を得て、日本の治安も維持するという方針だった。ところが水戸《みと》藩士など尊王攘夷派の人たちが、「叩き出せ」と攘夷思想を振り回して声高に言い出したため、幕府は身動きがとれず困ってしまった。

そこで井伊大老は安政《あんせい》の大獄を実行する。水戸藩など攘夷派人士を閉門にした。当然、強烈な反発を招き、井伊大老は暗殺される事態となった。

幕府の宣伝を真《ま》に受けて、実際に攘夷を実行してしまった藩があった。長州《ちょうしゅう》藩と薩摩《さつま》藩が砲台を造って外国艦隊を砲撃したのである。

文久《ぶんきゅう》三年（一八六三年）、イギリスの艦隊が鹿児島湾にやって来た。その前年、薩摩藩士がイギリス人三人を殺傷した生麦《なまむぎ》事件の解決と補償を迫ったのだが、武力を背景にした要求であることは言うまでもない。イギリスと薩摩藩の交渉は決裂し、薩英

長州藩の完敗

占拠された下関砲台　長崎大学附属図書館所蔵／共同通信イメージズ

戦争と呼ばれる闘いに発展したのだった。

日本側の記録では、薩摩藩がイギリス艦隊に損害を与えて追い払ったとあるが、鹿児島の町はイギリスの艦砲射撃で丸焼けとなった。大損害を受けたのは薩摩藩のほうである。

長州藩も文久三年、長州の馬関《ばかん》海峡（関門《かんもん》海峡）を通るフランス、オランダ、アメリカの船を砲撃。長州藩の軍艦は返り討ちを浴びた。翌年の元治《げんじ》元年（一八六四年）になると、これにイギリスを加えた連合艦隊にさらなる報復攻撃を浴びせられ、たちまち長州藩は完敗してしまう。薩摩、長州の二藩は、近代的軍事力の凄さを思い知らされたのだ。

長州藩の「完敗」がどれほどのものだったか。四カ国連合軍のわずか一〇〇〇人ほどの水兵が、二万人の兵力を持つ長州藩を相手に馬関の要塞《ようさい》を占領し、ゆうゆうと砲台に据えつけられていた大砲を持って帰ったのだ。この大砲は、今もパリのアンヴァリッド（国立廃兵院）にあるフランス軍事博物館に飾られている。余談だが、昔は館内の後ろのほうにあったのだが、一九七〇年ごろには目立つ位置に展示されるようになった。私が訪れたとき、「フランスも日本に対抗して、当時の強さを見せようとして前のほうに出したのですか」と学芸員に聞いてみた。すると、「いいえ、日本人観光客が増えたからですよ」との答えであった。

ともかく、それほどわずかの水兵で簡単に大砲を持って帰ることができるほど、長州藩は完敗だったのだ。

長州藩内では、文久三年の戦争のときから「いかなる組織を作ればいいか」と議論になっていた。そして創設されたのが高杉晋作《たかすぎしんさく》の奇兵隊《きへいたい》である。武士はもちろん、農民でも町人でも身分を問わず、志願する者を受け入れた。彼らには集団的軍事行動をとるための訓練を受けさせた。

■非武装社会・江戸時代の日本

徳川の治世、江戸時代の侍は軍人ではなかった。関ヶ原の合戦が終わり、大坂夏の陣も終わると、幕府は諸藩の軍備を縮小すると同時に、幕府自体の軍備も縮小し、非武装平和国家を作った。その結果、江戸時代の武士は、かつての軍人の子孫ではあるが、軍隊を構成する軍人ではなくなった。その意味で当時の日本は、完全非武装の国である。

軍隊には三つの定義がある。

第一は、他にずばぬけて強力な兵器を集団的に操作できる集団であること。

第二は、自《みずか》ら戦場で働くことを前提とした組織であることだ。この点で、警察と軍隊は異なる。警察も集団で卓越した武器は持っているけれども、他の組織が動いていない場所で動くことを前提としていない。戦場に行ったら、運送屋も病院も裁判所もみな閉鎖している。そこで活躍するのが軍隊なのである。

だから軍隊には「自己完結性」が求められる。たとえば軍医がいて、輸送部隊がいる。陣地構築には工兵がいる。不幸にして死者が出れば、従軍僧がいる。警察にはない組織である。

三番目の定義は「自ら法律を作れる」、「軍事裁判ができる」ことだ。いまの自衛隊が軍隊か否《いな》かという議論で、一番の問題がこの軍事裁判だろう。独自の裁判ができなければ軍隊ではない。したがって自衛隊は軍隊ではない、ということになる。

江戸時代の武士は、この三つをすべて欠いていた。

まず組織的行動ができない。のちに「忠臣蔵」に登場する大石内蔵助が備中松山《びっちゅうまつやま》城を接収するとき、軍隊ができなかった。藩士の組はあったが、それぞれ家督相続の事情などで、七〇歳の高齢者や家を継いだばかりの一二歳の少年など、組織構成員がばらばらだったのだ。それを大石内蔵助が長い時間をかけて編成替えし、訓練をした。

軍隊行動をする習慣がなかったから、山鹿《やまが》流の師範に教示を願い、どう隊列を組んで、どちらから歩いてと、いちいち教本に書かなければならなかった。元禄の時代でもすでにこうなのだから、二〇〇年以上の天下泰平ののち、幕末期の軍事組織はもっとひどかったに違いない。「長州征伐」に向かった幕府の諸藩連合軍が軍事力を発揮できなかったのは当然である。

■西洋式軍事組織の誕生と明治維新

事実、徳川時代の武士団は、欧米の本当の軍隊が来たらたちまち敗《ま》けてしまった。そこで高杉晋作が一から奇兵隊を立ち上げたのである。このとき初めて軍勢の一つの単位を「隊」と呼んだ。それまでは「組」であった。

日本も西洋式の軍隊を作らねばならない。十九世紀の後半、それが時代の要請になりつつあった。

しかし軍隊を作るには、装備にも人員にも莫大《ばくだい》な費用がかかる。そのために何が必要か。産業を興《おこ》して産品をどんどん売ることだ。すなわち「殖産《しょくさん》興業」である。かくして、「富国強兵、殖産興業」という二つのキャッチフレーズが生まれた。この二点を成し遂げられる人材こそが優秀な人材だとされるようになったわけだ。

天下泰平を価値観とする世では、優秀な人材とは「様式美を兼ね備えた人間」だった。それが江戸時代の美意識であり、倫理観だったのだ。様式美とは、蓄積された伝統を墨守《ぼくしゅ》することで成り立つ。つまり「変わらないこと」である。

江戸時代の人材には、伝統的学識と様式的行儀作法、その二つが重要だとされた。武士たるもの、必ず月代《さかやき》を剃《そ》って、御前《ごぜん》に出るときには正座をして姿勢を崩さないということが一番大事な様式美だった。

司馬遼太郎《しばりようたろう》さんが『峠』という小説で書いている。「武士は何ぞや。武士は『様式美』だ。勇気という意味では武士と同様、火消にとっても大事だ。忠義という意味では店の番頭でも忠義なやつはいる。ただ勇気や忠義だけではない。様式美を守るのが武士だ」という趣旨である。まさにそうだ。

ところが高杉晋作は奇兵隊を作り、大事なのは「様式美ではない、組織である」と言い出した。だから強かったのだ。わずかな人数でクーデターに成功するほど強かった。様式美にとらわれない長州藩の兵のほうが鍛えられていたものだから、長州征伐のときには老中小笠原長行《おがさわらながみち》が指揮する幕府軍が負けた。様式美にこだわっていたのである。

一方、薩摩藩は薩英戦争の後、「武力で外国船を追い払うことはできない。攘夷は不可能だ」と悟《さと》った。そして、「攘夷のためには、近代兵器を揃えねばならない。そのために、まず産業を興して金銭を稼がなくてはならない」と考えるようになる。

薩摩藩は、まずグラバーなどの商人を通じて外国から大砲や軍艦を買い付けようとした。ところが値段が高いうえに、藩札では買えない。やはり必要なのは現金であり、現金を得るためには産品を輸出しなければならない。富国強兵を実現するには、殖産興業が必要だということになり、ここで尊王攘夷派が殖産興業派に変わるのである。

彼らはさまざまな機械を買い入れて、近代兵器を造ろうとした。特に大砲と軍艦の製造に力を入れた。尊王攘夷の幕末の志士が、いっぺんに殖産興業派に変わり、殖産興業のためには外国技術を導入する必要を感じる。こうして、殖産興業派がさらに開国派に転じたのだ。

■転向者の暗ささえない維新の志士

このこと自体は、ものすごい倫理観の転換なのだが、不思議なことに幕末の志士には転向者のような暗さがない。それはなぜか。目的が「外国に蔑《さげす》まれない国を作ろう」ということであり、尊王攘夷も殖産興業も、国を守り、国を作る「手段」であるという思想が彼らの間に広まっていたからであろう。

さらに、そのためには日本も、幕府と三〇〇余藩の地方分権という二重構造ではなく、中央集権にしなければならないとする論が登場した。「幕府は朝廷に大政奉還をしろ。幕府には任《まか》せておけない」という考えが一挙に多数派を占め、これに幕府も抵抗できなかった。

当時の三〇〇余藩の大名たちはみな財政難であり、厳しいやりくりを強《し》いられていた。だから藩という領土と権限を返上したい気持ちであった。それに対して、のちの明治政府は前の支配階級＝大名を弾劾《だんがい》することなしに、彼らをみな華族《かぞく》に列して妥協することができた。これは無血で国王を追放したイギリスの名誉革命以上に、素晴らしい革命である。

薩摩藩も外国の軍隊の圧倒的な強さに薩英戦争で気づき、藩兵を鍛えて軍事的な行動を繰り返していたから、猛烈に強かった。しかし幕府は組織的軍事行動の重要さに気づかなかった。そのため、いくら諸藩の侍を動員しても役に立たない。幕府軍は、ただ飾るだけの雛《ひな》人形のような軍隊になってしまっていたのだ。

鳥羽伏見《とばふしみ》に始まって箱館《はこだて》に終わる幕末維新の戦争で、戦死した人は約三万人。近代戦争ではきわめて少ない数である。上野の彰義隊《しょうぎたい》や、箱館戦争まで行った新選組などもいるけれど、全部で三万人くらいしか戦死していない。それで大改革をやってのけたことは、大いに誇っていいことであろう。

こうして日本の美意識と倫理観が、がらりと変わった。「第一の敗戦」である。

あらゆる「革命」のなかで、前時代をまったく否定し、その痕跡《こんせき》を残さなかったという点で、明治維新ほど激しい革命はない。ロシア革命と明治維新では、明治維新のほうが半世紀も先である。また、アメリカの独立戦争、フランス革命よりはるかに徹底した改革だった。犠牲者はきわめて少なく、しかも大名を華族にして、失業した武士を秩禄公債《ちつろくこうさい》で養《やしな》うという制度まで作った。権力は奪うけれども経済的には多少の余禄をつけたのだ。

「敗れた者への配慮」とはいえ、これらは日本の「第一の敗戦」の素晴らしいところである。

第三章

富国強兵と殖産興業が正義だった

——「一度目の日本」の誕生と終幕

■「ええじゃないか」に見る倫理への反乱

「明治の前は江戸時代」と誰もが言う。しかし、明治の前には「日本」という概念がなかった。それに代わるのは「天下」である。江戸時代の人々にとって、人の行くところはみな天下。それは今日の日本国と同じ「四つの島と、それに付属する小島嶼《とうしょ》および海域」である。それが「第一の敗戦」で、「明治」の幕が開いた。

「明治の日本」は、いかにしてできあがったのか。

周知のごとく、「明治の日本」を作ったのは「明治維新」という政治社会体制の大変革、すなわち革命だった。その「革命」は、前時代を全否定する激しさを持ちながら、ごく少数の犠牲者しか出さずに成し遂げられた。世界史上、特筆すべき出来事である。

もちろん、革命が成就《じょうじゅ》する過程には、「幕末の大動乱期」があった。この幕末の大動乱期については、司馬遼太郎氏の歴史学に代表されるように、倒幕派と佐幕派の闘

「楽しさ」に目覚めた民衆

ええじゃないか踊り　　河鍋暁斎「慶應四豊年踊之圖」／国立国会図書館

いとして描かれることが多い。倒幕派はテロリストであり、佐幕派は会津《あいづ》藩を中心とする秩序維持派。その両者の対決という図式である。

しかし実際問題として、世の中がたった数百人のテロリストの行動で変わるだろうか。もし変わるのだとしたら、かつての「イスラム国」などはたいへんな結果を挙げたはずだ。

何が明治維新を達成させたのか。私は、テロリズムだけではなかったと思う。やはり「天下泰平」という、それまでの倫理観に対する全国民的な反乱があったのではないか。それが社会の現象面で表出した好例がある。「ええじゃないか踊り」である。

「ええじゃないか踊り」は慶応三年（一八六七年）八月ごろから東海地方で始まり、同年十月の大政奉還までの間、近畿を中心に全国に一気に広がった大衆が乱舞する「事件」である。比較的豊かな家に神社のお札《ふだ》が降り、老若男女が「ええじゃないか」「ちょいとせ」などと唱《とな》えながら数日間も歌い踊る。つまり人々は「安定第一」ではなく、「楽しさ」の追求に目覚め、誰もがそれを許容したのだ。

この乱舞は、江戸時代を通じて六〇年に一度ほどの間隔で発生した「おかげ参《まい》り」に似ている。だが、「ええじゃないか踊り」には、「おかげ参り」とは明らかに違うものがある。

「おかげ参り」とは伊勢《いせ》神宮への無秩序な集団参拝のことだ。およそ六〇年の周期で三度起こった。民衆が封建秩序の抑圧を逃れて伊勢参りに行った。その数は、多いときには三〇〇万人から五〇〇万人に及んだ。まず初めに「どこどこの子どもが伊勢参りをやったらしい」という噂をきっかけに、全国、特に東海から近畿、中国、四国地方までの地域の人々が伊勢を目指した。

ところが「ええじゃないか踊り」は、伊勢参りが目的ではない。神社のお札が空中高くから降って来て、裕福な家屋に落ちる。それを見た人々が「ええじゃないか、ええじゃないか」と踊り出す。これは誰が始めたか、いまだに分からない。ただ秩序をはみ出した楽しみ方が、中部・西日本のいたるところで生まれたのが特徴だ。降ってくるお札は伊勢神宮のものとは限らず、地域の神社のものもあった。

当時、江戸幕府は宗門改《しゅうもんあらため》で、住民のすべてを仏教の宗門に集約して管理した。神社の神主までが宗門に入った。それが秩序だった。

そうした仏教的支配管理がなされていたにもかかわらず、しかも伊勢神宮の権威に拠《よ》ることなく、三日三晩、多いときは七日間も踊り狂った。群衆は新興の農地地主の家に上がり込み、食事や酒を要求して、舞い降りたお札を神棚に祀《まつ》った。「秩序を守るよりも、羽目《はめ》を外して楽しみを享受《きょうじゅ》しよう」と世の中に打ち出したのである。

一説には、これは幕府体制を崩そうとする者の陰謀だったとも言われるが、それにしては維新後も名乗り出る者はいなかった。だが、維新の一つの大きなきっかけになったのは確かである。

不思議なことに、大政奉還が十月十五日に行なわれると、この大衆乱舞もすっと終わる。誰が仕掛けたかは諸説あるが、いまだに仕掛けた人物、あるいは組織は解明されていない。

もし仕掛けた組織なり人物がいたら、明治になった後で「俺だ」と名乗り出そうなものである。自然発生的であったのか、複数の組織によるものであったのかは、いまだに分からない。

けれど技術的にも、お札を空中高く打ち上げて、天から降《ふ》らすのはかなり難しい。弓で打ち上げたと言われるが、長い弓を持ち歩いていたらすぐ発見されてしまうだろう。

それでも事実として、お札は空から降り、民衆は狂喜乱舞した。そういう技術指導をした組織があり、受け入れる土壌が存在したことが、維新への大きな起爆剤になったのではないか。

■正義は「勇気」と「進取《しんしゅ》」

明治維新によって、「社会がいつまでも変わらない」ことがよいとされていた従来の価値観が、いっぺんに変わった。すなわち「天下泰平」から「狂喜乱舞」へと変わる。やがて「富国強兵」と「殖産興業」になった。

すると、社会に求められる個人の資質も「様式美」から「勤勉努力」と「進取の気性」に変わった。それまでの江戸時代には、蓄積された知識と経験、つまり伝統と様式を守る辛抱強さが重要視されていた。だが、それとは真逆の価値観が生まれたわけだ。「いつまでも変わらない」ものがよいとされた社会とは、まったく違った世の中が出現したのである。

価値観が変わると、たちまちにして社会の仕組みが変わる。「殖産興業と富国強兵」が価値観となった世の中では、「中央集権」と「知識人優遇」がその仕組みになった。

そして「知識人」を育てるために、早くも明治初頭から学校制度ができる。

明治政府は、帝国大学を作り、陸海軍士官学校、陸海軍大学校を作った。学術知識のある人を優遇する、という社会構造になったのである。

明治維新からしばらくの間は、薩長土肥《さつちょうどひ》（薩摩、長州、土佐、肥前）出身の明治の元勲《げんくん》と呼ばれる人々が、政治力で日本をリードしていた。

重大な経済政策の一つとして挙げられるのは、米に次ぐ大きな農産物だった綿花の輸入自由化である。

私の先祖は、大坂で両替屋とともに大和木綿《やまともめん》や河内《かわち》木綿を扱う木綿問屋を営《いとな》んでいた。明治四年（一八七一年）の綿花の輸入自由化によって急激に経営が苦しくなり、閉店してしまった。大和、河内の木綿関連業者はたいへんな打撃を受けた。河内や大和の女性が一番の副職にしていた機織《はたお》りがいっぺんになくなった。近畿地方は大不況に陥ったのである。

このために大阪や名古屋は大不況になるが、農民たちは綿花を栽培していた土地に、ジャガイモ、ブドウ、タマネギなどの新しい作物を植えた。また、名古屋コーチンを飼った。

そうして農業転換をしたことが、素晴らしかった、と言えるだろう。

その後、明治期に会社組織として形成されていった財閥（同族経営による事業体）がイギリスから紡績《ぼうせき》機を輸入し、中国綿やインド綿で紡績をするという新たな生産方式が始まった。明治一〇年代後半から、天満《てんま》紡績や大阪紡績などの会社が設立され、内職の仕事をなくした女性たちが紡績業の工場に働きに行くようになる。

一方、生糸《きいと》・絹《きぬ》織物は、明治以降の産業だ。徳川時代には、絹織物の原料となる白絹は主に中国から輸入していた。ところが、維新政府は養蚕《ようさん》を積極的に推進し、生糸を日本の主要な輸出品にした。はじめは国内市場向けだったが、明治の中ごろには日本が世界最大の生糸輸出国となる。明治の殖産興業の成果である。

物産の輸出という点では、国内産の石炭や銅、銀も多少なりとも輸出していた。それら石炭や鉱石の類《たぐい》は三井《みつい》、三菱《みつびし》、住友《すみとも》など大財閥がほとんど独占的に開発し、利益を上げていた。のちには藤田《ふじた》や古河《ふるかわ》などの明治の新興財閥が加わる。財閥などが自由自在に労働搾取《さくしゅ》する時代が続く。

「勤勉努力」「進取の気性」をよしとする倫理観が、資本家が思いのままに労働者を搾取するための正義としても機能したことを物語っている。世の中は「勇気」と「先取り」が正義だと宣伝したのである。

■農地地主と銀行と財閥

一方、日本の国内では、農地地主と財閥による支配の仕組みが成り立っていく。これはどういう仕組みだったのだろうか。

農地地主が農民を搾取して小金を貯《た》め、銀行に預ける。明治政府は、各地の地主や醸造家、高利貸しに出資をさせて銀行を作り、農地地主らから預金を集めた。その資金を政府が財閥に与えて、鉱山と海運と鉄道と繊維（紡績と生糸）、この四部門に集中投資したのだ。銀行については後述する。

「農地地主」という存在は、いつごろ日本に生まれたのか。さまざまな研究がされているが、十九世紀前半に出現したらしい。

徳川時代、農地は大名のものであり、大名が領主権を持ち、農民が耕作権を持っていた。農民は領主に年貢《ねんぐ》を納《おさ》める。その年貢徴収の請負《うけおい》、いわば領主権の代行をしていたのが庄屋《しょうや》である。庄屋は当初、農民が質入れなどで手放した農地を集め、次第に地代を徴収するようになった。こうした小金を貯めて質屋や造り酒屋などの手工業を始め、身代を大きくしてゆき、やがて農地地主になる。中には、商人が金を貯めて農地に投資したケースもあった。

黒船が来る嘉永年間には、全国にかなりの農地地主が発生していた。西日本は比較的小規模の地主が多かったが、東日本、特に東北、北陸地方には大地主が多かった。山形県酒田《さかた》の本間《ほんま》家などは「本間様には及びもせぬが、せめてなりたや殿様に」と俗《ぞく》謡《よう》が広まるほど、全国に名が知られた大地主であった。太宰治《だざいおさむ》の生家、津島《つしま》家も、青森でそうした農地地主の一つであった。

農地地主は貯めたお金を銀行に預ける。または農地地主自らが銀行を興《おこ》して、財閥に金を貸す、というシステムを作った。農地地主が小金を集める資本収奪の手先になっていたわけである。この仕掛けができたとき、天下泰平の倫理は崩れ、「勤勉・進歩」が倫理になった。したがって、この倫理の変化は「黒船来航」よりも前に始まっていたとも見られる。

前章でも述べたように、江戸時代、「天下泰平の世」の武士の倫理は、「いかに様式を守るか」にかかっていた。きちんと礼法を守り、剣術を修行する。その剣術も実戦で役に立つ武術というよりは、礼法を守ることのほうが大事だった。

商人も、いかに行儀よくするかが大事だった。だが、幕末動乱期からの日本では、礼法ではなく勤勉、努力、進取の気性、そして忠実が新しい倫理観に取って代わった。

この大変化が、一八五三年（嘉永六年）に黒船が来て以降、しばらくの間に燎原《りょうげん》の火のごとく広がった。勤勉で、努力家で、進取の気性に富んだ人士《じんし》が、全国から輩出する。

侍でいえば、明治維新を行なった改革者たちは、薩長土肥の下級藩士たちだった。長州と薩摩が中心になって、そこに土佐、肥前の一部の人たちが加わった。

実業の分野では、より顕著《けんちょ》であり、あらゆるところから「我と思う」志士が出現した。

たとえば京都の古河市兵衛《ふるかわいちべえ》は、江戸の小野《おの》組の手代だったが、古河財閥を興す。同じ京都の三井家は江戸で呉服屋を営《いとな》みながら、八代目当主の三井八郎右衛門高福《はちろうえもんたかよし》が三井財閥の基礎を築く。大坂の住友《すみとも》家も別子《べっし》銅山などの鉱山開発で財を成していたが、十五代目の住友吉左衛門友純《きちざえもんともいと》のころに灰吹法《はいふきほう》という精錬の新技術で事業を拡大、多角化し、住友財閥を確立する。あるいは越後《えちご》の大倉喜八郎《おおくらきはちろう》が江戸に出てきて事業を興す。土佐出身の岩崎弥太郎《いわさきやたろう》は新政府に食い込み、海運を中心に三菱財閥を興した。また官業だが、越後の農民の息子、前島密《まえじまひそか》が郵便事業を始める。さらに大物では、埼玉の幕臣、渋沢栄一《しぶさわえいいち》がパリ万博の随員としてフランスに渡り、銀行や株式会社という仕組みを学んで日本に持ち帰った。

こうして「我と思わん」者たちによって生まれた財閥は、三井、住友、三菱、大倉、古河のみならず、安田《やすだ》、浅野《あさの》、鈴木《すずき》、片倉《かたくら》、小曽根《おぞね》、乾《いぬい》など十数家にも上った。

この当時、政治はまだ薩長土肥を中心にした藩閥政治であったが、財閥（資本家）たちはいろいろな地方から輩出していた。それぞれに個人的才覚と西洋式の知識をもって事業に挑み、政府がそれを助成したのである。

彼らの事業アイデアがいいと思うと、今で言う銀行、つまり当時の農地地主から金を集めた金融機関が出資をした。こうして近代日本に資本主義経済が導入されてゆく。破綻《はたん》した人も多かったし、大動乱の時代だったが、この仕組みによって、ますます日本の価値観が変わった。すなわち徳川幕藩体制の敗戦現象である。

日本の「第一の敗戦」現象は、一八六〇年代末から七〇年代に、まったく新しい価値観が決着したことで完結を見る。

敗戦＝価値観の転換に抵抗する人たちや、あるいは思惑違いだったという勢力もあった。それが戊辰《ぼしん》戦争となり、西南《せいなん》戦争に発展するわけだが、それはまた別の話である。

なぜ大インフレが起きたのか

開国以来わずかな間に、日本から外国へ、国内保有の銀の四分の三と、金の三分の二が流出した。つまり貿易収支が大赤字だったのだ。このことは幕末から明治期の日本経済史を研究した土屋喬雄《つちやたかお》さん（東京帝国大学教授。戦後は明治大学、駒澤大学教授）の論文の中で、よく調べられている。

明治政府はアメリカの「ナショナル・バンク」という制度に倣《なら》って国立銀行条例を定めた。「国立」といっても「国営」ではない。「国の法律に基づいて設立された銀行」という意味であり、民間の経営である。国立銀行は資本金の六割を政府に納《おさ》め、これを抵当に国立銀行券（紙幣）を発行できる。この紙幣は正貨《せいか》（金・銀本位制での金貨、銀貨のこと）との兌換《だかん》（引き換え）が義務づけられていた。そのため各国立銀行は、兌換準備として資本金の四割を正貨で積まなければならなかった。

その後の条例改正で、これらの規制が緩《ゆる》められた結果、たちまち日本中に「第一」から「第百五十三」まで、一五三もの国立銀行ができた。フランスで銀行の仕組みを知った渋沢栄一が、各地に銀行を作らせたのである。

ところが、銀行は何度も破綻状態に見舞われるようになる。渋沢は地方の農地地主を対象に、資金を集めて銀行を作り、銀行は積んだ正貨の何倍もの紙幣を発行できるという政策を実施したのだが、この方法がいけなかった。

一五三の銀行は全国いたるところで紙幣を発行した。しかし、その大量の紙幣は事実上の不換《ふかん》紙幣（正貨との引き換えができない）となっており、信用力がないため物価が急上昇する事態となった。つまり、大インフレーションを引き起こしてしまったのである。

渋沢は銀行制度によって、農地地主が収集した資本を殖産興業に充《あ》てようとした。すなわち「融資」である。だが、もう一つの銀行の機能である「信用創造」を理解していなかった。資金を多くの人たちから集めて事業家などに貸す、という原始的金融機関の機能しか理解していなかったのだ。

信用創造とは、現代では「銀行が貸出と預金を繰り返すことで通貨供給量（マネー・サプライ）が増える仕組み」などと説明されるが、要は信用力のある貨幣が流通し、経済規模が拡大することである。貨幣には、その額面を裏づける価値がなければならない。金本位制なら、額面と等価の金と交換できる。それが信用力だ。ところが、明治の国立銀行が乱発した紙幣には信用力がなかった。たとえば五円札なら五円の金貨または銀貨と交換できなければならないのに、できなかった。銀行による信用

林立する「国立銀行」

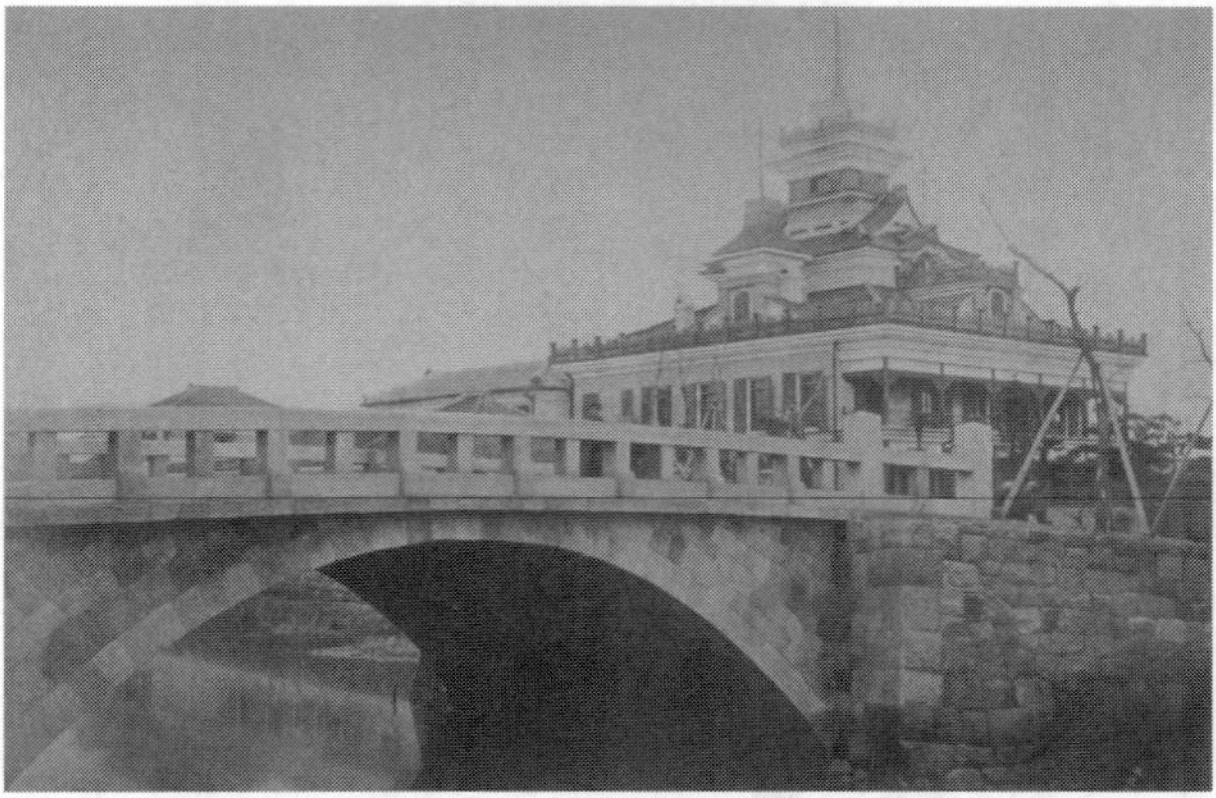

1873（明治6）年、現在の東京都中央区日本橋兜町に設立された国立第一銀行
長崎大学附属図書館所蔵／共同通信イメージズ

創造は破綻したのだった。

信用創造が破綻すると、たちまち大インフレになる。それを是正し、抑止しようとしたのが一八八一年（明治一四年）に始まる松方《まつかた》財政だ。大蔵卿《おおくらきょう》の松方正義《まさよし》による金融引き締め体制、いわゆる「松方デフレ」である。松方は中央銀行（日本銀行）の創設、官営工場の民間への払い下げ、増税などの財政政策を実行した。

松方の緊縮財政により物価は安定しはじめ、大インフレも収まったかに見えたのだが、農産物の価格が暴落するなどデフレが進行した。このまま「松方デフレ」が続いていけば、産業界の資金需要に応《こた》えられず、諸外国からの借金でしか国内需要を賄《まかな》えないことになるから、その膨大な借金ゆえに、幾多《いくた》の発展途上国と同じく、日本の財政は破綻していただろう。

ところが、一八九四年（明治二十七年）に起きた日清戦争で勝利し、二億両（テール）もの賠償金を得た。この賠償金は、当時の国家予算の二倍以上だというから、デフレに喘《あえ》いでいた日本も一息つくことができたのである。

■「一度目の日本」の頂点

渋沢栄一も松方正義も、その政治的手法こそ違え、「殖産興業」を目標に設定していた点では一致する。

明治政府は殖産興業のために鉱山を開発した。幸いにも日本には、九州に筑豊《ちくほう》や三《み》池《いけ》、本州に常磐《じょうばん》、北海道に夕張《ゆうばり》などの石炭資源があり、石炭産業が興った。この石炭が日本の第一次産業革命にとって非常に役立ったのだ。

一八八〇年代の終わりごろ、日本に第一次産業革命が起きる。石炭を燃やして、その熱エネルギーを動力に転換する技術が日本に入ってきた。蒸気機関である。石炭の火力で水を気化させ、水蒸気の圧力がピストンを動かし、ピストンの往復運動を回転運動に変えるというメカニズムだ。第一次産業革命以前の動力は、人間か動物、風、水によるものでしかなかった。

イギリスで第一次産業革命が始まったのは十八世紀の後半である。その後、十九世紀のうちに西ヨーロッパ、北アメリカと伝播し、十九世紀末に日本に伝わった。イギリスから約一世紀遅れたものの、日本はなんとか世界の趨勢《すうせい》に乗り遅れなかったのである。

日本は、日清戦争に勝利したころには第一次産業革命を完成していた。鉄道は全国に敷設《ふせつ》された。当時の鉄道の動力は蒸気機関だったから、国内で多少なりとも石炭が産出したことは非常な幸いだった。

第一次産業革命を成し遂げ、日清戦争で大量に賠償金を得た日本。清国政府は日本の要請にしたがい、この賠償金をイングランド銀行振出《ふりだし》のポンド建て小切手一枚で支払った。この小切手は、高額証書としてイングランド銀行に今でも保管されている。

日本はこの賠償金によって財政難を克服し、日露戦争に向かって次なる軍備の増強に邁進した。

さらに一九〇五年（明治三十八年）、日本は日露戦争に勝利し、その後ほどなくして電気と内燃機関による第二次産業革命に成功する。そのころ、すでに日本では官僚主導が幅を利《き》かせ始める。一八九四年（明治二十七年）には、一回目の高等文官試験が実施されている。これは今の国家公務員採用総合職試験（少し前までは「国家Ⅰ種」と呼んでいた）に当たる。キャリア官僚を選出するシステムが「一度目の日本」の時代から始まっていたわけだ。

■内国勧業博覧会の始まり

ところで一八七七年（明治十年）に、上野の山で第一回内国勧業博覧会が開かれた。日本初の博覧会であり、明治政府が殖産興業政策の大事な一環として行なったものだ。その後、同じ上野で第二回（一八八一年）、第三回（一八九〇年）と続けて開催

輝くイルミネーション

1903(明治36)年、大阪で開催された第5回内国勧業博覧会。正門付近にイルミネーションが点された　国立国会図書館

された。この博覧会で日本の産品や美術品、工芸品を展示し、日本がいかに技術進歩したか、すなわち第一次産業革命に成功したことを国内外にアピールしたわけである。

同様に、第二次産業革命の場合は、一九〇三年（明治三六年）に大阪の天王寺《てんのうじ》周辺で行なわれた第五回内国勧業博覧会であった（第四回は京都）。会場では日本で初めて電灯のイルミネーションが点《とも》され、噴水が照明でライトアップされた。通天閣が建てられ、エレベーターが動き、イルミネーションが輝いた。

エネルギー源が石炭の蒸気機関から、電

力へと技術革新に成功したことを宣伝したのだった。

ちなみにその後、全国に「電信柱」が作られた。「電柱」ではなく、電信柱、つまり電気による通信に用いられるのだ。ただし電信柱は電柱の機能も備えていたから、送電と電信の両方に共用された。日本で電話事業が始まったのは明治二十三年（一八九〇年）だが、これは郵便事業を始めた越後出身の前島密が主導したものだ。

以上のように、日清・日露戦争で勝利した日本は、第二次産業革命までは成功した。それに対して、当時の清国は産業革命を成し遂げておらず、ロシアもまだ農奴解放をやるかやらないかといった段階であった。しかも、たまたま両国とも革命寸前の老大国だったことが、日本にとっての幸運だった。日本が日清・日露の戦争に勝てたのは、日本が強かったからではなく、相手が弱かったからである。

その後の第一次世界大戦でも、日本は戦勝国となる。日英同盟に従ってイギリス側に立ったのが幸運だった。

一九一八年（大正七年）、第一次世界大戦の終結したときが、「明治の日本」の頂点である。それが「一度目の日本」の頂点であった。しかし、農民労働者を搾取して財閥を育ててきた明治日本には、大衆消費市場の育つ余地がなかったのだ。

■日本の〝敗因〟は規格大量生産に乗り遅れたこと

二十世紀に入り、世界は「規格大量生産」の時代を迎えつつあった。

規格大量生産は、三つの要素から成り立っている。

一つ目は、拳銃製造業者のサミュエル・コルトが始めた「部品組み立て方式」だ。コルトは自分が設計した拳銃を、工場労働者に部品別に作らせ、それを集めて組み立てる方式を考案した。規格化された部品で作れば、同じ型の拳銃がたくさんできる。この方式は一八四〇年代から始まった。コルトは株式会社を設立し、工場を建てた。

そこでできたのが有名なリボルバー（回転）式の拳銃である。一八五三年にニューヨークで開かれた万国博覧会で、サミュエル・コルトが自らリボルバーの組み立てを実演してみせたという。同一の部品を大量に作って組み立てれば、同じ品質の拳銃が大量にできる。

西部劇には「名拳銃」というものは出てこない。日本の時代劇には名刀が出てくるが、世界に名拳銃がないのは、規格大量生産でどのコルト拳銃も性能に差がないからである。

二番目は「ベルトコンベア方式」だ。シカゴのグスタフ・スウィフトという精肉業者が、作業員は移動することなく、加工対象物を移動させて解体作業を進める方式を導入した。牛一頭の肉をベルトコンベアに載《の》せて作業員が順々に解体・分解していくと、最後にバラバラになってロースはロース、サーロインはサーロインというように分解される生産方式を考え出した。

三番目として、エンジニアのフレデリック・テイラーが「一労働者一作業」という労務管理の方式を考えた。これで各労働者は、いろいろな作業を覚える必要がなく、一つのことだけに集中すればよくなったのだ。この方式は「科学的管理法」（テイラー・システム）として、労働者管理の基本となった。

以上、「部品組み立て」「ベルトコンベア」「一労働者一作業」の三つの方式を組み

規格大量生産の始まり

T型フォードの組み立てライン。生産性が飛躍的に高まった

AFP＝時事

合わせて、巨大な工業製品（乗用車）を作り上げたのは、ヘンリー・フォードである。彼によって本格的な規格大量生産が始まった、と言ってよい。

フォードの工場では生産性が上がり、賃金も上げられた。それで、従業員も乗用車を買えるだけの賃金がもらえた。そのためアメリカの消費市場は一気に拡大したのである。

こうしてアメリカで確立された規格大量生産方式は、第一次世界大戦中に武器の生産を急ぐヨーロッパ諸国にも広がり、やがて西欧と北米の諸国に広がっていったのである。

ところが当時の日本の官僚たちは、この規格大量生産をまったく理解できなかった。日本は「日露戦争に学びすぎ、第一次世界大戦には学ばなかった」国である。日清戦争のときは満足な通信手段がなく、軍艦が走り回って敵を探していたのだが、日露戦争では第二次産業革命（電気と内燃機関の産業革命）に成功していたので、「敵艦発見」と伝える電信技術があった。しかし、日本は第一次世界大戦で戦勝国になったといっても、規格大量生産に象徴される第二次産業革命の本質を知らなかった。いや、そもそも明治の日本には、工業製品を大量に買える大衆市場がなかったのである。

■第三次産業革命――半導体とコンピュータの産業革命

産業革命の段階については、第一次産業革命が十八世紀末にイギリスで始まった石炭と鉄と蒸気機関の産業革命。第二次産業革命は十九世紀後半に始まった石油と電力による産業革命。そして第三次産業革命は一九六〇年代以降の半導体とコンピュータによる産業革命と言える。

日本は明治の近代化を急ぐあまり、銀行制度を設けて農地地主から資金を集め、それを各地の銀行が産業資本家に貸し与える仕掛けで第一次の産業革命を遂行した。しかし、第二次産業革命にはついて行けなかった。

そもそも二十世紀の前半、日本は第二次産業革命が何をもたらすか理解できなかった。農民や労働者を低賃金で酷使し、銀行に資金を集めて産業に投資してきた日本には、規格大量生産の工業製品を買える消費市場が育たなかった。このため、日本企業は国外に市場を求めるようになった。そして第一次世界大戦が終わり、世界が大きく変化したときに、日本はついて行けなくなった。このことは西園寺公望《さいおんじきんもち》や牧野伸顕《まきののぶあき》ら、ベルサイユ条約の講和会議に参加した日本の代表もみな一様に感じたはずである。

日本は十九世紀のままの、資本家（農地地主や財閥）による大衆搾取の産業構造しか持っていなかった。したがって、国内ではまったく市場が広がらない。いきおい、日本は欧米列強諸国の見よう見まねで、国外の市場を広げる植民地主義に走った。日清戦争で一八九五年（明治二十八年）に台湾を植民地化したのを手始めに、二十世紀以降の日本は中国大陸、朝鮮半島、南洋諸島と、「外地」と呼ぶ植民地を次々に統治していった。

つまり外国をまねた植民地主義が官僚主導によって純粋化され、侵略主義に変わっていったのだ。

もう一つは、市場を軍備に求めて軍国主義化したことだ。侵略主義と軍国主義は別ものだが、言うなれば日本は市場の狭さを侵略主義で、需要の少なさを軍国主義でまかなおうとしたのである。

軍備を拡大することで産業の需要を作る一方、財政的にはもっぱら国債を発行して銀行に買わせる。銀行は農地地主から資金を預けさせる。農地地主は農民から搾取する――昭和初期の日本は、そういう十九世紀の初期資本主義のかたちから、まったく抜け出られなかったのである。

それに関東大震災の不運も加わり、「一度目の日本」は頂点から下り坂を滑《すべ》り落ちはじめる。

■元勲の政治主導から官僚主導へ

このころ、日本の倫理に「忠勇《ちゆうゆう》愛国」があった。忠義に篤《あつ》く、勇気があふれていることだ。前述した「勤勉努力」「進取の気性」も生きていた。しかし、「豊かさ」が正義だとする意識はまったくなかった。

私たち戦争前に子ども時代を送った世代は、アメリカのような消費文化を軽蔑《けいべつ》していた。

「忠勇愛国」の精神主義と「勤勉努力」、それに「八紘一宇《はつこういちう》」(世界を一つの家にする)が正義であり、憧《あこが》れであり、目標であり、疑いようのない絶対的価値であった。幸運に恵まれて大金持ちになるのは、あまり褒められたことではないという意識があった。

その意識を広く国民に宣伝したのが官僚たちだ。日本の官僚は、江戸時代の下級武士の後継者で、八代将軍吉宗が紀伊國屋文左衛門を嫌ったように金持ちを嫌った。

すでに述べたように、二十世紀に入ると官僚が幅を利《き》かせはじめた。第一次世界大戦のころから、官僚（文官）では帝国大学出身の役人らが、軍人（武官）では陸軍大学校と海軍大学校出身の将軍、提督らが行政の上位を占めるようになる。みな明治になってから作られた教育機関の卒業者たちだ。

それまでは明治維新で現場の斬り合いを経験した元勲たちが日本を仕切っていた。だから発想は柔軟で度胸があった。彼らは幕末維新の志士であり、「一度目の日本」草創期の政治を牛耳っていた。汚職もあれば、女性もはべらかすが、大所高所《たいしょこうしょ》の判断ができたのである。

しかし学校卒業者が行政機構の上層部を占めるようになり、日本は臨機の対応と勇気を失った。まずは同僚を見回し、決断を先送りする。

一九一〇年代に現われた、大学や軍部大学校卒業の官僚や軍人たちは、実は江戸幕府のシステムを踏襲している。徳川時代の特徴は、第二章でも述べたように、できるだけ禄（収入）と権（役）と位（位階）と、この三つを分けるという仕組みだった。

すなわち、収入と権力と名誉を分ける。それが日本の伝統となった。

徳川時代に禄が多かったのは、徳川幕府自体を別にすると、外様《とざま》大名である。前田《まえだ》（加賀《かが》藩）や島津《しまづ》（薩摩藩）、伊達《だて》（仙台《せんだい》藩）などが上位に並ぶ。この外様大名たちは、中央政府の権力からは完全に除外されていた。

強い権力を持つ老中や大老になれるのは、徳川家一門である親藩《しんぱん》か、先祖代々、徳川家に仕《つか》えた譜代《ふだい》大名だ。大老は酒井《さかい》、本多《ほんだ》、井伊《いい》、阿部《あべ》、小笠原《おがさわら》家などの者から出るようになっていた。これらの家の禄は一〇万から三〇万石である。そして実質的に権力を握る奉行になるのは数百石程度の禄の旗本だった。それが勘定奉行、寺社奉行、町奉行になって権力を握ったのだ。

位が高かったのは公家である。外様の大大名が従三位から正四位、奉行が従五位であるのに比べ、公家には従二位、正三位がごろごろいる。大納言《だいなごん》や関白《かんぱく》なら正二位だった。ところがこの人たちは、権力の中枢からははるかに遠く、禄もずっと低い。元禄時代の天皇家とその周辺の公家を合計した総禄高は、わずかに三万石だった。最高の近衛《このえ》家が五〇〇〇石、五摂家の鷹司《たかつかさ》家でも一八〇〇石で、旗本クラスである。

こうして江戸幕府は禄（収入）と権（役）と位（プライド）を分けた。この伝統を明治でも引き継ぎ、権力を持つ役人はあまり収入が多くなかった。

なぜ日本の官僚制度が力を持ち、官僚が日本をリードするようになると国がおかしくなるのか。その最大の理由は、「一年〜二年に一度ポストが変わる」という制度になっているからである。彼らは非常に嫉妬深い優等生であり、誰にも独裁権を渡したくない。みんなで分散しよう、恨《うら》みっこなしに短期で人事を変えようということにしたのだ。

だから第二次世界大戦までの「一度目の日本」では、官僚たちは官舎に住み、荷物や家財道具も葛籠《つづら》に入れて転勤しやすいようにしていた。官僚の子どもは何度も転校する。要するに、地域に根を持たない人たちである。

これが日本の官僚制度の最大の特色で、転勤を重ね、職場が変わって、職域も権力も変わる。だから長期のことを考えられない。

近代日本では、こういう官僚たちが次第に権力を握るようになり、第一次世界大戦のころにはトップクラスまでを官僚が占めるようになった。彼らには長期的な国家の大方針が描けない。しかも、前任者から引き継いだ考え方を少しだけ手を加えて後任者に渡す。それがまかり通るようになってしまった。

■日本の官僚はエリートではない

こうした日本の官僚の〝習性〟に関して、興味深い話を聞いたことがある。それは現代の官僚についての論考なのだが、今の国家公務員試験の中身を見れば、官僚の特質が端的に分かるのだそうだ。試験問題の作成に関わったこともある官僚経験者の話である。それだけに説得力があると思う。

いわゆるキャリア官僚を目指す人たちが受ける試験は難関で、競争率も高い。ペーパーテストでは膨大な数の問題が出題される。ところが選択式の問題が多く、大学の教科書や過去の問題集を丸暗記していれば対応できるのだという。たとえば「憲法」なら次のような具合だ。

【憲法第14条第1項に関するア～オの記述のうち、判例に照らし、妥当なもののみを全て挙げているのはどれか。ただし、ア～オの記述に掲げられた法律の規定には、現行において廃止・改正されているものも含まれる。】（原文のまま）

受験者は問題文と、アからオまでの選択肢を読んで、正解と思われる一つを選ぶ。このような試験問題で高得点を出すには、教科書を暗記できる記憶力はもちろんだが、コツがあるそうだ。それは難しそうな問題を飛ばして、答えやすいものから解いていく。つまり数を稼ぐのである。こうして高得点を得た人たちが合格し、キャリア官僚の道を歩むことになる。

以上のことから何が分かるのか。先の官僚経験者によれば、二つあるという。

■「創造」より「記憶」の世界

一つは記憶力に頼るため、自分が勉強したことには対応できるものの、未知の事象には打つ手がない。つまり創造性に乏《とぼ》しい。「前例踏襲」である。

二つ目は、答えやすい問題から解き、難問を後回しにする。これは「問題先送り」である。

高等教育機関が産み出した試験エリート。彼らは創造性豊かに長期でものを考えることができない。それが日本の官僚であり、戦前も戦後もその資質には変わりがないようだ。

私は第一章で、戦後の一九七〇年代から官僚主導が強まり、「二度目の日本」を「低欲望社会」たらしめたことを指摘した。その嚆矢《こうし》は明治の「一度目の日本」にあったのだ。

日本の官僚は、本当のエリートではない。エリートとは、金（禄）も役（権力）も名誉（位）も三つとも持っている者のことだ。

中国の官僚は科挙《かきょ》に合格すればたちまち出世し、一つのポストを長く務め、派閥を作って国家を支配する。フランスの制度も、それに近い。

ところが日本の官僚は、一、二年でポストを変わる。すると一つのことを長期に考える習慣がつかない。そのため大きな改革、長期的な改革が考えられないのだ。

日本の官僚は、真面目で熱心で記憶力がいいことでは世界一だが、長期でものごとを考える思考力と決断力においては、きわめて劣等である。そうした官僚たちが「一度目の日本」をリードするようになった。その始まりは大正時代、第一次世界大戦の終わりごろだ。

■時代の下り坂で災害

一九一八年（大正七年）成立の原敬《はらたかし》内閣くらいまでは違ったが、その後はほぼすべて官僚か軍人の出身者が首相の内閣になってくる。つまり政治主導でなくなったことが、日本の悲劇の始まりである。

そこに、日本にとってまことに不幸なことが起きる。一九二三年（大正十二年）の関東大震災である。

日本の歴史を見ると、経済の下り坂の始まりと、時を同じくするように大災害に見舞われていることが多い。たとえば元禄時代の下り坂には、富士山の宝永《ほうえい》大噴火があった（一七〇七年）。現代では、バブル景気が崩壊した一九九五年（平成七年）に阪神《はんしん》淡路《あわじ》大震災が起き、そのあとは東日本大震災だ。

およそ六〇～八〇年周期で大災害が発生し、その都度《つど》、徳川時代の「おかげ参り」のように民衆の熱狂が爆発する。これが日本の歴史の繰り返しである。

第一次世界大戦終結後の関東大震災は、まさにそういった日本の歴史の上に繰り返された大災害だった。

■なぜ昭和になって、政治家の汚職が取り沙汰されたのか

関東大震災によって日本の経済は大混乱した。被害総額は当時の国家予算の四倍に上る。通貨と為替の流通が混乱を起こし、金融システムが破綻した。

災害からの復興には、短期の政策が重要になる。いかに短期的問題を処理するかが重要になってくるため、知識があって記憶力の優《すぐ》れている官僚に急場を任《まか》せなければ

いけないということになった。そこで生まれたのが「復興需要」である。

これは官僚が編み出した需要、すなわち「官需」であり、民間の必要に応じた「民需」ではなかった。災害復興で官需偏重の習慣ができてしまったのだ。

このとき官需偏重になったものだから、その後の日本で政党政治（民《たみ》の政治）ではなく、官僚主導がはびこったのである。

復興後、東京の街は急に立派になった。その復興政策は官需中心だから、戦後の官僚主導と同じように東京一極集中で、地方自治がいつまでも育たない状態になる。すると奇妙なことに、国民の間に富める者に対する嫉妬がわいてきて、その嫉妬を官僚がマスコミを使ってかき立てるという現象が起こる。したがって昭和になると、やたらに政治家の汚職問題が話題になった。

明治の時代に、元勲たちが豪快な汚職をしていたことは間違いない。そうでなければ、山縣有朋《やまがたありとも》があの豪壮な椿山荘《ちんざんそう》（東京・文京区）を建てられるはずがない。だが当時は誰もそれを責めなかった。

しかし、昭和になると頻繁に汚職が報じられるようになった。ジャーナリズムが汚職の噂を作り出していく。

最も有名なものは、一九三四年（昭和九年）の帝人《ていじん》事件だろう。帝国人造絹糸《けんし》という会社の株式売買をめぐって、当時の大蔵次官や商工大臣が贈収賄に関わったとされた疑獄事件だ。

この事件で齋藤實《さいとうまこと》内閣は総辞職に追い込まれたが、事実無根でありながら、汚職をしたと報じられたのである。すると、官僚は「しめた」とばかりに政治資金を規制する。

政治資金を規制するのは、民主主義を圧殺するのに一番手っ取り早い方法である。古代ギリシャ、ローマの昔から、民主主義を圧殺するには政治資金を規制すること、特にスキャンダルを盾《たて》にして規制することだった。

■民主主義は自由経済の政治版

民主主義は自由経済の政治版である。自由経済には宣伝費がつきものであり、宣伝費を使えない状態になると、自由経済はすぐに死滅する。同様に、民主主義においても、政治資金を規制するとすぐに干上《ひあ》がってしまう。帝人事件を契機に政治資金を規制したため、政治家は結局、陸軍の機密費に頼らざるを得なくなった。全員が「親軍」議員になってしまい、反軍議員はほとんどいなくなる。

近衛文麿《このえふみまろ》は一九四〇年（昭和一五年）に大政翼賛会を結成するが、当初は政友会（立憲政友会）を基盤とする組織を構想していた。政友会が解党・再編したかたちの大政翼賛会と、民政党（立憲民政党）との二大政党を考えたようである。しかし、民政党の議員もあっさりと大政翼賛会に入ってしまったので、近衛の二大政党構想は実現しなかった。

当時の国会議員で大政翼賛会に入らなかったのは、「反軍演説」で知られる斎藤隆夫《さいとうたかお》と、安倍寛《あべかん》のほか一人だけであった。安倍寛は安倍晋三《しんぞう》首相の父方の祖父である。あのときの安倍寛さんは偉かったと思う。安倍首相は、岸信介《きしのぶすけ》（母方の祖父）ではなく安倍寛さんをお手本にすべきだろう。

かくして昭和に入るころから、官僚主導のもと、軍人、財政官僚、そして警察官僚の三者が日本を牛耳るようになった。さらに外国情報は外務省にだけ依存するという仕組みができてしまって、国政を決定するような政治家がいなくなる。また、政治家が非常に短い間に交代する習慣ができてしまった。官僚主導を徹底したから、内閣が短期で何度変わっても政治は国政を動かせない。この状態が、日本の悲劇――「第二の敗戦」を招くのである。

■官僚は「Aを取ってBを捨てる」ことができない

一九二七年（昭和二年）の田中義一《たなかぎいち》内閣のころからは、完全に官僚主導が進む。長期的視野に欠ける官僚は、ものごとの全体を見ることもできない。大局を見ずに部分にこだわる傾向がある。これは陸軍も海軍も、大蔵官僚も内務官僚も、みな同じである。

大きな政策ができない代わりに、部分の成功を狙って、中国に進出する企業を助けた。当時、「在支紡績《ざいしぼうせき》」（在華紡《ざいかぼう》）といって、中国大陸に工場を置く多くの紡績会社があったのだが、それらを助ける政策を作った。

あるいは満州の開発をする。満州開発に携《たずさ》わった中心人物に「弐《に》キ参《さん》スケ」と呼ばれた五人がいるが、一人を除いて典型的な国家官僚もしくは軍人官僚である。「弐キ」とは東条英機《とうじようひでき》（関東軍参謀長）と星野直樹《ほしのなおき》（国務院総務長官）の二人、「参スケ」は岸信介（産業部から総務庁次長）と松岡洋右《まつおかようすけ》（南満州鉄道総裁）と鮎川義介《あゆかわよしすけ》（満州重工業総裁）の三人だ。

官僚主導が進むと何が起こるか。外国と妥協することができなくなる。部分にこだわって大局を見ない。それぞれが自分の所管にこだわるので、Aを取ってBを捨てることができない。

一九四一年（昭和十六年）、「いよいよ日米開戦か」となったとき、日本とアメリカの間で「日米諒解案《りようかいあん》」が練《ね》られた。日本側は陸軍省の岩畔豪雄《いわくろひでお》軍事課長、大蔵省の井川忠雄《いかわただお》（当時は産業組合中央金庫理事）、海軍大将を務めた野村吉三郎《のむらきちさぶろう》駐米大使という、海軍と陸軍と大蔵省のメンバーで「日米諒解案」の作成に当たった。そのためにアメリカから二人の神父を呼んだ。この二人はウォーカー米郵政長官に通じていた。

「日米諒解案」とは何か

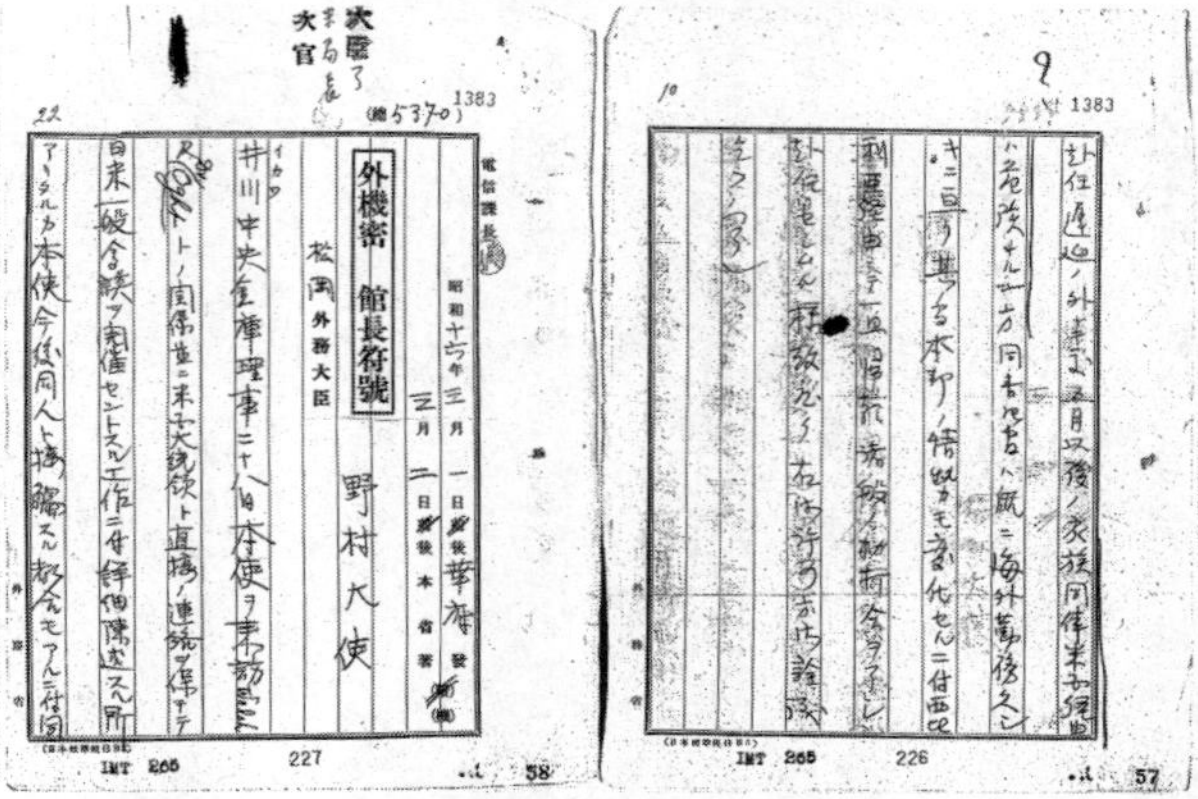
外機密 館長符號
松岡外務大臣
野村大使
昭和十六年三月一日

1941(昭和6)年、野村吉三郎駐米特命全権大使が松岡洋右外相に宛てた公電(左)　アジア歴史資料センター公開／国立公文書館所蔵

郵政長官というのは、アメリカでは大統領選挙で貢献をした人が就《つ》くポストであり、彼は全米カトリック教会の財務委員でもあった。

この「日米諒解案」を基に、アラスカで近衛首相とルーズベルト大統領が会談をして、一挙に対立案件を解決しようという話になったのである。ところが、そのとき外務大臣だった松岡洋右がヨーロッパから帰国し、「(日米諒解案に)外務省が入ってないではないか。陸軍と海軍と大蔵省で勝手に決めたのか」と一喝《いっかつ》し、潰してしまった。松岡がシベリア鉄道に乗って満州に来たときに、外務省の官僚が「外務省が入っていませんよ」と耳に入れたらしい。セクショナリズムにとらわれてしまう官僚の思考がよくないという一例である。

のちになって、「外務省は平和主義」などとする見方があったが、とんでもない話である。松岡はモスクワでスターリンと会談し、日ソ不可侵条約（日ソ中立条約）を結んだ。それと同時にソビエトでアメリカ大使とも会談して、「日米諒解案に至った」と思っていたらしいが、全然違ったのだ。

官僚主導がいかに細部にこだわって全体を見ないか、この一例を見てもよく分かる。

こうして日米開戦を避けることができず、日本は太平洋戦争で敗戦した。明治から始まった日本――「一度目の日本」を潰したのは官僚主導だった、と私は思う。

■無責任体制の確立

官僚主導というシステムは、誰が何を決めたか最後まで分からない仕組みなのだ。

このことは最近の東京都の豊洲《とよす》市場移転問題でもはっきりした。移転を誰がどうやって決めたのか、きちんとした記録が残されていないのである。

小池百合子《こいけゆりこ》都知事は都議会議員選挙を前に、豊洲への移転と築地《つきじ》の再開発という方針を表明したが、二〇〇一年（平成十三年）に「第七次東京都卸売市場整備計画」で豊洲移転を決定するまでの経過が不透明で、「誰が、いつ、何を決めたのか分からない」仕組みが問題であることを忘れてはならない。

終戦当時まで遡れば、戦争犯罪人をアメリカが取り調べたとき、誰も「俺がやった。俺に責任がある」と言わなかった。だから日本の伝記作家が書くと、広田弘毅《ひろたこうき》のような、「時流に流される気の毒な人」ばかりが出てくる。戦争の責任者がどこにも出てこない。これこそ日本の大きな特徴だ。

いつの時代も、体制が変わると最初は政治主導になる。政治主導の時代に活躍した明治の元勲たちが引退した後は、その代わりがすべて官僚によって占められた。「転勤をする、ポストが変わる」という約束事に従わなければならない官僚によって、無責任体制が確立する。これも日本の特徴である。

無責任体制になると、国は何によって動くのか。

みんながみんな無責任だと、要は時流、大勢の官僚の合意、いわば「無責任な大衆」に流される。「時流」とは何か。時流を作るのは、その時代の倫理観なのだ。戦前の「時流」を作ったのは、当時の正義とされた「忠君愛国」であり、「富国強兵」「殖産興業」である。「一度目の日本」は「強い日本」を志向したのだ。

倫理だけが一人歩きをし、それがどんどん申し継がれて残り、次第に強化される。そのために、それ以外のものは「正義ではない」として次々と消されてゆくのである。

かくして日本は太平洋戦争に突入した。誰も望まず、誰も勝てると思わなかった戦争に、である。

第四章　敗戦と経済成長と官僚主導

——「二度目の日本」の支配構造を解剖する

■戦時下で思った官僚システムの恐ろしさ

私が小学校に上がったとき、すでに日米は開戦していた。私は一九四二年（昭和十七年）四月、「偕行社《かいこうしゃ》」の附属である大阪偕行社小学校に入学した。偕行社とは陸軍将校の親睦・研究団体だから、その附属小学校は、当然のように軍隊教育を売り物にしていた。

入学当初は毎日のように「軍艦マーチ」が鳴り、日本の戦果を伝えるニュースが流されていたので、私たち子どもは日本が勝っていると思い込んでいた。しかし、次第に戦場が日本に近づいてくる。ガダルカナルで戦っていたのが、ラバウルになり、ニューギニアになった。

「ひょっとしたら日本は負けているのではないか」

小学校二年のころには、内心でそう思うようになった。

それから二年後の一九四五年になると、空襲警報が鳴りはじめた。アメリカ軍の爆撃機B29が一〇機ほどの小編隊でやってきて、自宅の近所にあった砲兵工廠《こうしょう》に爆弾を投下していった。

その年の二月、父が疎開を決意して、私たちは奈良県御所《ごせ》市の古い実家に移り住むことにした。トラックなどの手当てはできず、大八車でえっちらおっちら、一〇里《り》の道を荷物を二度も運んだものだ。

三月一〇日の東京大空襲に続き、大阪は一三日に大空襲に見舞われた。このとき私の家は難を逃れたのだが、結局、六月一日の二回目の空襲で丸焼けになってしまった。その前に疎開できたことはありがたかったと思う。私たち一家は、そのまま疎開先で終戦を迎えた。

空襲警報が鳴りはじめたころのこと、小学校の先生が言った言葉を思い出す。

「一億玉砕《ぎょくさい》」である。

本土決戦を覚悟した日本のスローガンだ。先生は私たちに向かって、さかんにこの「一億玉砕」を連発していた。

私はそれを聞いて一晩、考えた。そして先生にこう質問した。

「日本国民一億が玉砕したら、この戦争は負けではありませんか」

すると、ぽかぽか殴られた。

「お前は、そんなに死ぬのが怖いのか」と言うのだ。

私がこうした戦争中の経験から思うのは、なぜ「一億玉砕」が言い出されたのか。

これが官僚システムの恐ろしいところだ、ということである。

官僚は、消去法で可能性のある道だけを探る。

「この戦争は勝てない↓しかし日本は降参しない↓そうすると玉砕よりほかはない」。

だから軍人と官僚が、真剣に「一億玉砕」だと言い出したのだ。それが小学校の先生にも伝わった。

誰がどう考えても、「一億玉砕したら日本は負けだ」ということは分かっていたはずだ。しかし、それを口にすると殴られる。

官僚システムが前提としているのは、自分の官僚としての権限、立場、既定の方針などが「変わらない」ことだ。戦争中の当時なら、「日本は降参しない」ということだ。それで勝てないとなったら、選択肢には「玉砕」しか残らない。この「一億玉砕」を当たり前のように吹聴《ふいちょう》して、それ以外のものは異端分子として弾圧する。こうしたことを普通の（阿呆でも悪人でもない）官僚が平気で言い張る。そんな官僚システムの恐ろしさを、私は子ども心に感じたのである。

■ジープとチョコレート

昭和二十年（一九四五年）八月、日本は太平洋戦争に敗れた。すると、いっぺんに倫理観と美意識、すなわち価値観が変わった。

日本はなぜ敗《ま》けたか。そのことだけを考えても、従来の価値観では説明がつかなかった。そこで「日本は物量で敗けたのだ」と国民は考えた。勇気と作戦では敗けていなかったが、物量で敗けた、と精神主義から物質主義へ一気に価値観の転換がなされたのだ。

私が子どものころ、戦時中はアメリカの爆撃でひどい目に遭《あ》った。だが、次にはアメリカの兵隊がジープを連《つら》ねてやって来て、子どもたちにチョコレートを配った。その瞬間に「八紘一宇《はっこういちう》」も「撃《う》ちてし止《や》まむ」も吹き飛んだ。

「アメリカはすごい国や、こんな田舎にも自動車で来て、子どもに気前よくガムやチョコレートをくれた」

誰もがそう思ったそのとたんに、みんな親米になった。アメリカの消費文化に対する軽蔑が逆転してしまった。

「あんなにすごい国と戦争をしたら、日本が敗けて当たり前だ」と思った。同時に、こうも思った。「日本にもいいものはあった。零戦《ゼロせん》、戦艦大和《やまと》……いいものはあったが、数では敵《かな》わなかった。だから物量で敗けた」と多くの日本人は考えたのである。

つまり「規格大量生産ができなかったことが敗因だ」と日本人は悟《さと》り、この考えは終戦の一九四五年から四七年ごろにかけて急速に広まった。前章で述べた第二次産業革命に乗り切れなかったことが敗戦の最大要因だ、と気づいたのだ。

それと同時に、昔の日本を復興しようという意識が国民の間からなくなった。敗戦

占領下の日本

米兵の配る菓子に子どもたちは群がった　時事通信フォト

直後は、教育でもアメリカが進める六・三制ではなしに、昔の旧制高校を残そうとする抵抗もあった。「日本の教育は間違っていなかった」などと言う者もいた。それなのに、あっという間に「ジープとチョコレート」で懐柔《かいじゅう》されてしまったのだ。倫理観と美意識が変わった。第二の敗戦である。

■ アメリカを美化した平等主義

アメリカの宣伝、すなわちGHQが宣伝したことを、日本人はかなり誤解しながら美化した。それまでは「富国強兵」「殖産興業」「進取の気性」が価値観だったのが、ＧＨＱ施策への誤解と美化の結果、これからは「経済成長」であり、「効率」と「安全」と「平等」とが「目指すべき理想」と考えられた。

安全、平等、経済成長の三つが、戦後日本の目標になった。

まず「安全第一が日本の理想だ」という美意識が生まれた。私たち子どもも「平和主義」を教えられたが、吉田茂首相がマッカーサーの命令で、最初に打ち出したのが平和主義だった。

戦後日本の国家コンセプトを作ったのは吉田内閣だ。「軍事小国・経済大国を目指す」ということで、吉田首相は国家の防衛をアメリカ軍に任《まか》せて、日本は軍事小国で行こうとした。

次に平等である。これは、アメリカが教えた民主主義を美化して、なおかつ曲解したものだった。

「アメリカが日本に教えた民主主義」とは、「平等」がその基本にあり、「あらゆる差別はよくない」と標榜《ひょうぼう》した。

地域差別はよくない、ジェンダー差別もよくない、宗教差別はもってのほか、と平等を謳《うた》う。敗戦直後の日本は、そんな「理想化されたアメリカ」の民主主義を目指した。しかし、実はアメリカ社会は決して平等ではない。

アメリカの理想をあえて言うなら、公正（フェア）ではあるかもしれないが、平等（イコール）ではなかった。ところが日本人は、アメリカを「平等な国」だと誤解した。「アメリカのような優れた国は平等に違いない」と思い込んだのである。

その結果、日本では福祉政策と所得税の累進《るいしん》課税、そして何よりも相続税を徹底して課税した。弱者や貧しい者に、いわゆる富の再分配を行なって不平等をなくそうというのである。このことによって、福祉は手厚いが、累進課税と相続税が厳しい世の中ができた。

貧しさゆえの「成長第一主義」

そして平等を実現する原資を稼ぐために、経済成長が目標となった。戦後がスタートした当初は貧しかったから、経済成長が第一だった。

吉田茂、鳩山一郎《はとやまいちろう》、石橋湛山《いしばしたんざん》、岸信介と続いた内閣の後、一九六〇年（昭和三十五年）に池田勇人内閣が発足する。それまでの間に、財閥解体や農地改革、円の為替固定制などGHQによる施策が行なわれた。その間に朝鮮動乱の特需もあって日本は経済的に回復しつつあった。そして池田首相は経済大国を目指し、高度経済成長政策の目玉として「所得倍増計画」を国民に明示した。この政策を理論的に裏づけ、具体的な計画を作成したのは下村治《しもむらおさむ》さんという経済学者である。

ただし一九六〇年当時の日本は、まだ規格大量生産を自家薬籠《やくろう》中のものにできていなかった。「規格大量生産に乗り遅れたから戦争に敗けた」と気づいてはいても、それを産業構造の転換にまで落とし込めていなかったのだ。規格大量生産が日本に普及したのは、第一章で述べたように一九七〇年の万国博覧会によってである。

では六〇年代、経済大国を目指した日本が何をしたのか。最初は「スポ根《こん》」だった。経済成長するためには根性で働け、という意識である。東京オリンピックのころ

全国に「開発拠点」が設けられた

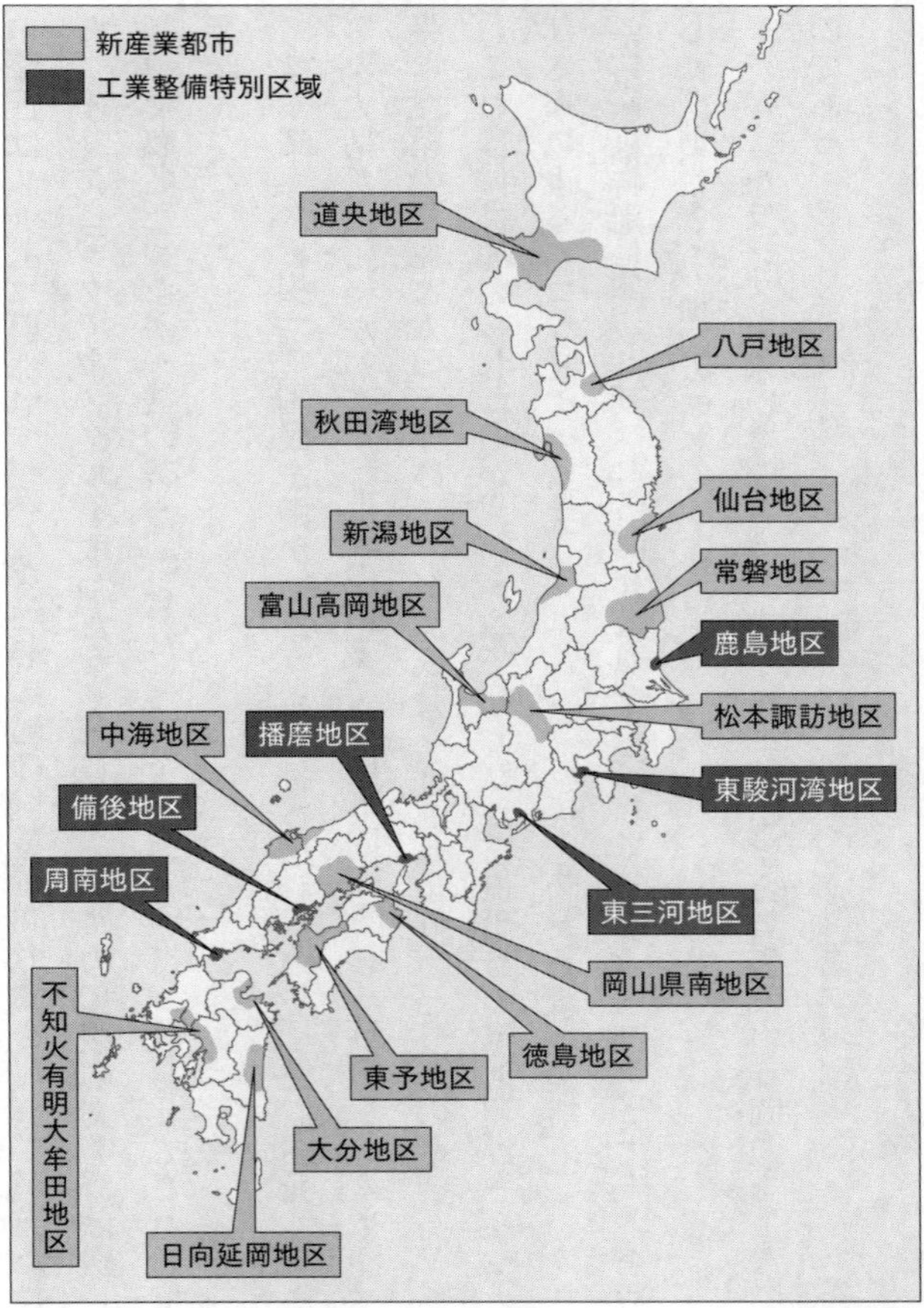

経済大国を目指した「二度目の日本」は、コンビナート主義に基づいて各地に開発拠点を指定した。しかし結果的に、公害と地域格差を生んでしまった

の流行はスポーツ根性で、「みんな熱心に働け、長時間労働をしろ」が当たり前だった。オリンピックで金メダルを取った女子バレーボールの大松博文《だいまつひろふみ》監督は厳しい選手指導で有名だったが、彼の著書『おれについてこい！』は、映画化もされるほど大流行になった。

そして「スポ根」で国民を働かせたうえで打ち出したのが「拠点開発」である。平等が大切だと言いながら、「地域の格差」という問題を封じ込めた。太平洋ベルト地帯に産業の基盤と人口を集めて、経済成長を促進しよう、としたのだ。

これに付け加えられたのが、第一章で紹介した官僚出身の下河辺淳さんや大来佐武《おおきたさぶ》郎《ろう》さんによる「コンビナート主義」だった。「シンサン」（新産業都市）、「コウトク」（工業整備特別地域）と呼ばれる開発拠点を指定して、そこにコンビナートを造ろうとした（前ページの地図参照）。

だが、バランスを欠いた開発は、のちに地域格差と公害という問題を生んでしまうのである。

復活する戦前官僚——「官僚主導」を確立した田中角栄

さて「二度目の日本」は、支配構造の面で見れば、やがて戦前とまったく同じコースを辿《たど》ることになる。

敗戦直後の日本には、マッカーサーという大権力者がいた。彼が全責任を負《お》うかたちで、日本のいわゆる「民主化」を進めた。前述の財閥解体や農地改革をはじめ、日本国憲法の制定、六・三制教育、シャウプ勧告に基づく税制改革（シャウプ税制）を断行し、道路建設の国土計画も作った。ＧＨＱが独断で指導して、日本を変えたのである。

それを引き継いだ時代——吉田、鳩山、岸、池田、佐藤内閣までは、たとえ首相が官僚出身者であったとしても、政治主導であった。つまり「一度目の日本」で言うところの「元勲政治」だった。ところが、次第に戦前の官僚が〝戦後官僚〟として復活し、一九七二年（昭和四十七年）の沖縄本土復帰のころから力を強めていった。

同じ年に田中角栄内閣が発足する。田中さんという人は、『天才』（石原慎太郎著）などを読むと、政治家が主導する政治を実行したように書かれているが、私の体験では「官僚の意向になびいた人」である。

田中さんは政権構想の『日本列島改造論』で、新幹線や高速道路による全国交通網の全体像を明らかにし、実際にそのとおりに進めた。これは官僚の創《つく》った政策に乗った面が大きい。というのも、「列島改造」の財源は官僚のアイデアで捻出《ねんしゅつ》したものだったからだ。すなわち「ガソリン税」である。

自動車の燃料に税金をかければ、たくさんの税収が得られる。それを目的税として使うのだ。当時、すでに揮発油《きはつゆ》税と地方揮発油税（この二つを合わせて「ガソリン税」と呼ぶ）があったが、その税率を上乗せして「列島改造」の土木工事を行なった。これを「暫定税率《ざんていぜいりつ》」という。通産省の鉱山石炭局、まさに私が在籍していた部署が発案したのだ。そのとき、官僚が発想したものと田中さんの意見とは、かなりの部分で一致した。

そのころから戦後の「官僚主導」が始まる。戦後の官僚たちは、田中角栄という人気者を利用して大いに発展したのだ。

これに対して課税される側の石油業界は、形ばかりの反対運動をしたが、内心は官僚との結託を策していた。官僚に恩を売って、競争を制限させる思惑があったからだ。

しかしその途中で、官僚たちにとって田中さんが邪魔になる。列島改造で地価が上がり、一九七三年（昭和四十八年）の第一次オイルショックで物価も上がった。それで「エネルギー政策に失敗」して、田中さんの人気が暴落した。

その後、ご存じのように田中さんはロッキード事件で逮捕される。

■総理は二年で使い捨て

第一章でも触れたことだが、佐藤内閣までは、官僚の間で「官邸への近さ」を自慢しあった。自分は「官邸に近い、したがって総理大臣に会える、総理秘書官に直接談判できる」——そのようなことを各省の官僚がさかんに自慢していた。

ところが、佐藤内閣が終わって田中内閣になると、「官邸との近さ」などを言う官僚はいなくなった。その代わりに「大臣のご意向は、それはそれとして、本当はどうするの」という言葉が流行《はや》った。「大臣が何を言っても、実際の政策は官僚が決めるんだよ」という意思が出てきたのである。

田中内閣は二年で終わり、続く三木武夫《みきたけお》内閣も二年、福田赳夫《ふくだたけお》内閣も二年、大平正芳《おおひらまさよし》内閣も二年、鈴木善幸《すずきぜんこう》内閣も二年という短命で終わる。

そのころ霞《かすみ》が関《せき》では、

「歌手三年、総理は二年で使い捨て」

という言葉が流行った。

流行歌手は、一曲のヒット曲があれば三年は地方回りで保《も》つが、総理大臣（政治家）は何をやったところで二年でクビになり、二度と復活しない、というわけだ。総理が二年で代わるということは、大臣は一年で代わる。その結果、「大臣のお言葉はそれはそれとして、本当はどうするの」と、そこかしこで語られるようになったのである。

官僚が政策の一切を取り仕切る。では、政治家に与えられる役割は何になるのか。それは地域の調整役だった。

「この公共事業をどこ(の地域)につけるか(割り振るか)」までの部分は、政治家にやらせてやろう。だが、「道路にいくら、河川にいくら、鉄道にいくらつけるか」という予算分配は、みんな官僚が決める。政治家には地域分配だけを与えればいい。つまり、政治家は官僚機構に対する陳情機関になり下がったのである。

ここから戦後の官僚政治、官僚主導が本格的に始まるのだ。

■政治家は、官僚が仕掛けたスキャンダルで潰される

二〇〇九年(平成二十一年)八月に、自民党から民主党への政権交代がなされ、鳩《はと》山由紀夫《やまゆきお》内閣が誕生した。このとき鳩山さんは、官僚から政治の主導権を取り戻そうと、「政権を取ったら、各省庁の局長クラス以上には辞表を提出させる」と公言していた。しかし、すぐに潰された。結局、官僚主導を潰すより先に鳩山さん自身が潰さ

れてしまった。

田中さんも、うまく官僚を使っていたつもりだったのだろうが、結局はロッキード事件で潰された。「反官僚」を言う政治家は、潰されてしまうのである。

一九八七年（昭和六十二年）に総理大臣になった竹下登《たけしたのぼる》さんも、官僚主導に抵抗した政治家の一人だ。私は第一章で、戦後の官僚主導（官僚主義）には五つの基本方針があると述べた。そのうちの一つが「東京一極集中」だが、竹下さんはこれにまったく反する政策を唱えた。「ふるさと創生事業」である。全国三〇〇〇の自治体（市区町村）に、地域振興の資金として一律に一億円を交付した。

この政策は、東京一極集中を方針とする官僚の意向に真っ向から対立するものだったから、当時の自治省や大蔵省は大反対した。そのため官僚機構は「ふるさと創生事業はばら撒《ま》きだ。ろくな政策ではない」とキャンペーンを仕掛けた。これにマスコミが同調して、「無駄遣いだ」と、こぞって報道した。

たしかに首を傾《かし》げたくなるような一億円の使い方もあった。地方の人たちは、国が決めたとおりにすることに慣れてしまっていて、自分で考える習慣がない。国のお達

首相vs.官僚

竹下登（左）と田中角栄（右）。なぜ反官僚の政治家が失脚するのか（1974年撮影。中央は二階堂進・当時の自民党幹事長）　共同

し以外のことはできないと思い込んでいた。それでも竹下さんは「三年もやれば知恵が出てくるだろう」と言っていたのだが、政権自体が三年もたなかった。

「ふるさと創生事業」が立ち上がった一九八八年（昭和六十三年）、「リクルート事件」という奇妙な事件が起きたのだ。リクルート（現・リクルートホールディングス）の不動産関連子会社である「リクルートコスモス」の未公開株が、与野党の政治家や官僚、財界人にばらまかれ、巨額の贈収賄《ぞうしゅうわい》が行なわれた、とされる疑獄事件である。合計で一二人が東京地検によって起訴された。

政治家では、官房長官も務めた藤波孝生《ふじなみたかお》さんが受託収賄《じゅたく》で有罪となった。この事件で竹下内閣は一九八九年（平成元年）六月、退陣に追い込まれたが、結局、竹下さん自身は最後までどこがどう悪かったのか、よく分からないままで終わってしまった。

リクルート事件が発覚したのは、「朝日新聞」（川崎支局）のスクープ記事からだった。川崎市の助役がリクルートから未公開株を譲渡されていた、というものだ。それから堰《せき》を切ったように報道がなされ、政・官・財にわたる贈収賄が次々と明らかになっていった。それらの情報源は、実は官僚である。官僚がマスコミにスキャンダルをリークして、竹下政権を追いつめたのである。

この当時、自民党の派閥で言うと、福田派は官僚にとって御《ぎょ》しやすい派閥だった。対して田中派、それを継ぐ竹下派は官僚に逆らうところがある、と見られていた。そのため、選挙には強いがスキャンダルで潰れることが多い。対する福田派は、選挙には弱いが、スキャンダルには強かった。官僚に対する向き合い方の差である。

近年では、大阪府知事と大阪市長を務めた橋下徹《はしもととおる》さんは、「官僚の支配を壊さなければ日本の復活はない。日本の統治機構を変える」と、ことあるごとに官僚に歯向かった人だ。すると、彼の出自を遡《さかのぼ》って人格を否定するような記事を書かれたり、いわゆる慰安婦発言（戦時下での慰安婦制度は必要だった、とした発言）で叩かれたりした。

■元凶は小選挙区制の導入だった

私がまだ閣僚のころは、自民党が政務調査会を開いて政策や法案を協議する際、官僚がやって来て、〝電話帳〟と呼ばれる分厚い予算書を見ながら一所懸命、説明してくれた。

ところが最近は、議員が官僚に陳情しているのだ。まるで逆である。

「これ（政策）に予算をつけてくれないかなあ」

「いや、できません、無理です」

「また出直してくるから、頼むよ」

このような具合で、政治家が官僚に頭を下げている。

なぜ、こうしたことになってしまったのか。それは政治家に、関与する分野についての詳しさが要求されるようになったからだ。昔（一九六〇年代）は、詳しさは不要だった。政治家が官僚に方針を示し、「こうだから、あとは君たちが考えろ」といった調子だった。だが今は、それは通用しない。

結局、今の政治家は何をしているのかというと、前に述べたように地域の調整役でしかないのである。どこの地域にどんな公共事業をつけるか。道路なら道路予算を、どの地域につけるか。その分配だけは政治家が決められる。ただし予算の金額は官僚が決める。

それでも政治家にしてみれば、公共事業を自分の選挙区に持ってくることで、選挙民にいい顔ができるわけだ。

こうなった原因の一つは小選挙区制にある。日本は一九九四年（平成六年）、衆議院の選挙制度に小選挙区制を導入することを決めた。各選挙区の当選枠を一人とするのが小選挙区制だ。細かく言えば、小選挙区制に比例代表制を組み合わせた小選挙区比例代表並立制である（参議院も比例代表制が導入されたが、衆議院と方式が違う）。

それまでの中選挙区制の時代は、一つの選挙区から複数の国会議員が当選していた。したがって、たとえば「この先生は厚生省に強い。この先生は経産省に強い」などという一種の分担ができた。しかし、小選挙区制の今は一人で何でもやらなければならない。一人の政治家が幅広く勉強できるものではないから、結果的に官僚頼みになるのである。そもそも小選挙区制自体が官僚主導の産物なのだ。

選挙制度改革で小選挙区制への議論が本格化したのは、日本新党の細川護熙《ほそかわもりひろ》さんが首相になった連立政権のときである。官僚側は「小選挙区制にすれば選挙費用が安くなる」と宣伝していたのだが、これが正確ではなかった。

小選挙区制では現職議員の八割くらいが当選する。だから、たしかに安定した議席の地区では安くなる。すでに当該選挙区では、当選している議員は知名度がある。しかし新人候補たちは、ゼロから始めなければならず、激戦となる小選挙区制では、負担する費用が大きくなる。導入の際、官僚もマスコミもそれを言わずに、平均した金額しか表に出さなかった。さらに、小選挙区制では競争原理が働かないため、世襲議員が増える。

それをマスコミは一所懸命、「小選挙区制がいい」と応援した。官僚と報道機関の複合体、「官報体制」の力が働いたのである。

「派閥政治の弊害」ということも、当時はさかんに言われた。なぜなら、議員が派閥を形成して政治を行なうのでは、官僚主導ではなく政治主導となりやすいからである。官僚からすると、派閥は目の敵《かたき》だった。

■「官報体制」と記者クラブ

「一度目の日本」の昭和前期も、やはり「官報体制」の力が働いた。一九三二年(昭和七年)、犬養毅《いぬかいつよし》内閣(第二十九代)が五・一五事件で倒れた後は、齋藤實《さいとうまこと》、岡田啓介《おかだけいすけ》と、軍人ばかりが首相になり、挙国一致内閣を組織した。このとき「政党政治家はけしからん」と世論を誘導したのが、当時の新聞やラジオのニュースだった。

つまり「一度目の日本」でも「二度目の日本」でも、官僚と報道機関の複合体が政治主導を骨抜きにする、という構図は同じなのである。

そもそも、「記者クラブ」制度自体が日本特有のシステムだ。大手の報道機関を中心に、省庁ごとに記者クラブが組織されている。そして、取材する相手であるはずの役所の建物に部屋（記者室）を用意してもらい、電話も電気も使わせてもらっているのに、使用料をほとんど負担しない。海外の先進国では考えられないことだ。

また記者クラブの加盟社が最も恐れるのは、いわゆる「除名処分」だが、それよりももっと怖いのは「官僚から偽《にせ》の情報をつかまされる」ことである。「ガセネタ」と呼ばれるものだが、たとえばある記者に、わざと偽情報をつかませて誤報を書かせておき、その後で編集局長に「おたくはこんな記事書いて」と抗議すれば、その記者は大抵つまらない部署に飛ばされる。

もちろん、日本で記者クラブに頼らず取材するのは、かなり大変なことだ。外国では一匹オオカミのように、独自に取材して署名記事を書く「ジャーナリスト」もいるが、日本では記者クラブに加盟していないと、なかなか取材が難しい。これも現実である。

■なぜ晩婚化と少子化が進んだのか

しかしここに来て、戦後の官僚主導が行き詰まりを見せているのは明らかだ。第一章で述べた「戦後の官僚主導における五つの基本方針」のうち、一つが「人生の規格化」であることを想起していただきたい。学校入学、卒業、就職、蓄財、結婚、出産、住宅購入、老後の年金暮らし……といった一本調子の人生を、官僚は国民のスタンダードとすべく政策を決定してきた。ところがもはや、それは通用しないのである。

日本人は男女ともに教育年齢が伸びた。二〇一六年度の大学・短期大学への進学率を見ると、男性五六・六%、女性五七・一%。半世紀前の一九六六年度が、それぞれ約二〇%と一〇%だったのに比べれば、格段の伸び具合である。日本人の過半数は大学教育を受けるようになったのだ。

このように教育年齢が伸びると、晩婚化が進む。結婚する年齢がだんだん遅くな

初産と初婚年齢の推移（女性）

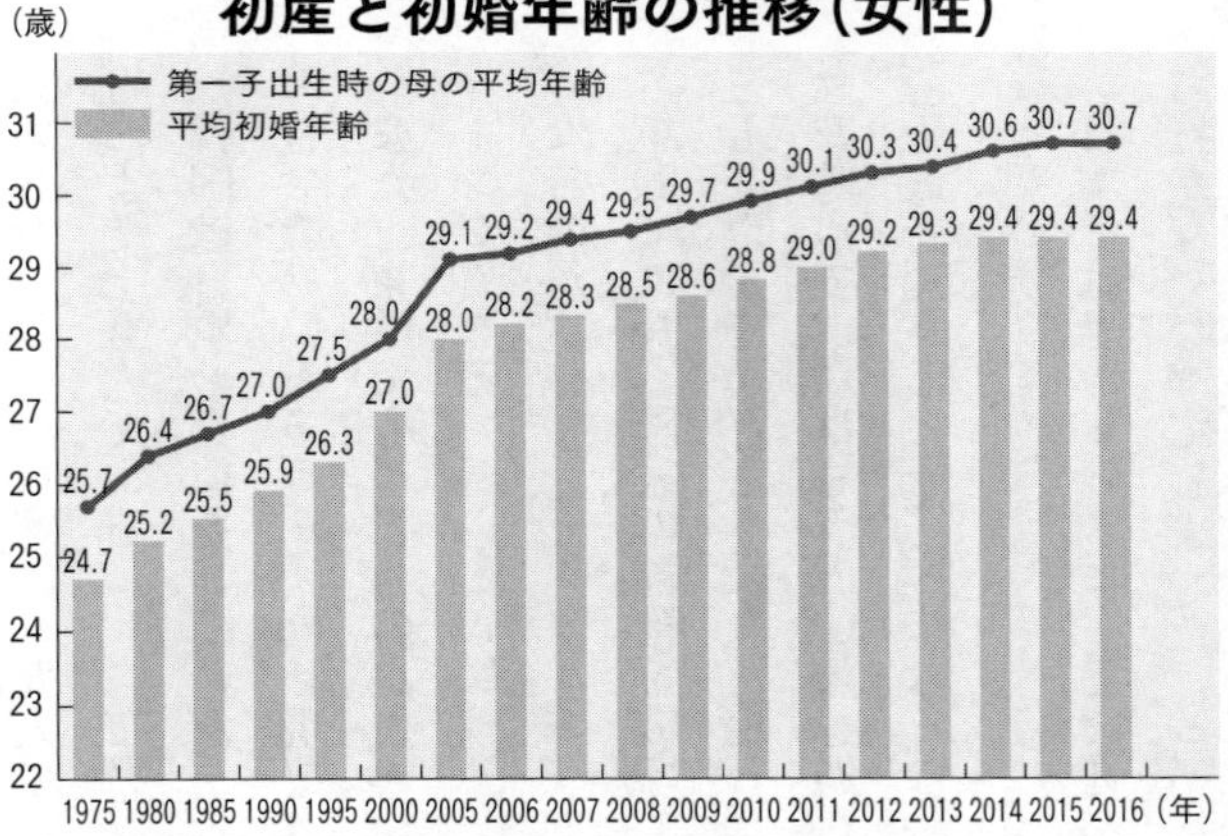

2011年以降、初産（第一子出生時）の年齢は30歳を超えている

厚生労働省「人口動態統計」より

る。すると女性の初産《ういざん》が遅くなる。今や日本人女性の平均初産年齢は三〇・七歳（厚生労働省「人口動態統計」二〇一六年調査）という時代になっている。

初産年齢が遅くなれば、産める子どもの数も減る。当然、少子化が進む。さらに三五～三六歳まで独身でいると、一人暮らしが快適になり、結婚を敬遠するようになる。特に男性に、その傾向が強い。かくして少子化が進んだのである。

この晩婚化・少子化が、もっと徹底しているのが韓国である。韓国では二四歳以下で子どもを産む女性が一〇〇〇人のうち一九人しかいない。日本は三九人である。アメリカでは一四〇人、フランスやイギリスはおよそ七五人である（二〇一五年版国連統計より）。

韓国は日本の真似《まね》をしているから、こうなったのかもしれない。あるいは独特の儒教社会のせいだろうか。同じ現象は台湾にも、シンガポールにも広がっている。

また、東欧でも子どもの出生率が減りつつある。だが、日本など極東の国々とはパターンが異なる。若いときには子どもを産むが、三五歳を過ぎるとぱったりと産まなくなるのだ。

東欧では長く国家の福祉を広げて、国が子どもを育てるという政策をとっていた。三五歳以上で子どもを産んだ場合、その子どもが成長して国の施設から手元に帰ってきた時点で、親はもう五〇歳を過ぎている。それでは人生が面白くないというので、三五歳を過ぎると子を産まなくなったのだ。

日本では恐ろしいスピードで進んだ少子化現象の結果、労働人口も減り、福祉が立ち行かなくなってしまった。だから、もはや「二度目の日本」、戦後の官僚主導が行き詰まっている、と言ってよいだろう。

「一度目の日本」は、まだ家族社会を尊重し、家父長《かふちょう》制度が存在した。ところが「二度目の日本」では、官僚が「家族」というものを敵視するようになった。敵視というのが大袈裟《おおげさ》なら、対立概念になってきたと言い換えてもよい。その極《きわ》みがここへ来て、「二度目の日本」が終わろうとしているのではないか、と見える。では、「三度目の日本」を創るときには、どうすればいいのか。

■「天国」日本は、夢と冒険のない社会

現在の日本は天国のような国である。犯罪は世界一少ない。清潔で、交通機関の運行も世界一正確である。汚職や経済事件も、世界基準で見たら、きわめて少ない。それを日本は世界に誇ってよい。だが、太陽に黒点があるように、何ごとにも負の側面はついて回る。

一九九〇年代後半くらいから、日本では飲酒運転を徹底して厳しく取り締まるよう

になった。これも官僚による規制である。その結果、交通事故はたしかに減った。だが公共交通機関が整備されていない地方都市では、飲酒をともなう夕食をするのにも自家用車では外出できなくなった。このため飲食店は打撃を受け、シャッター通りが増えた。

人口二〇万人以下の都市に行くと、夜七時を過ぎたらまったく人が歩いていない。さらに規制は厳しくなり、同乗者やアルコール類を提供した店側も罰せられるようになった。かくて中小都市の商店街は完全にシャッター通りとなった。

たしかに交通事故の数は減った。かつては年間一万六〇〇〇人いた交通事故の死者が、今は三〇〇〇人台である。

安全にはなった。しかし楽しみもまた減っているのである。

私は決して飲酒運転を奨励しているのではない。私自身、飲めるタイプでもない。安全を求めるがゆえの過度な厳罰化が人間の楽しみを奪い、地方都市の衰退を招いた事実に目を向けていただきたいのである。

安全で清潔な〝天国〟の住人は欲望がなくなり、ただその安住の地を失うことだけを恐れるようになる。かくして日本は「夢と冒険のない社会」になってしまった。貧乏旅行も、冒険旅行もしない。海外留学をする学生さえどんどん減ってしまった。暴走族もいなくなったし、ヤクザも減っている。

何より日本は起業家が減っている。主要先進国で、日本の創業率が最低であり、国内の事業所の数が減少している世界唯一の国だ。

しかも創業者の約四割が六十代なのである。つまり「定年退職して何かやるか」というような人が多く、若者は起業することが少ないのだ。

高齢者が元気だということは喜ばしい現象だが、創業率が最低で全体の事業所数は減少しているのだから、若い世代の起業は激減しているわけである。若い世代が夢を持てない、冒険もしない社会になってしまっているのだ。

日本という〝天国〟は、多様性と意外性を失い、次に高齢化によって崩壊しつつある。

これこそ「第三の敗戦」である。

第五章　「三度目の日本」を創ろう

——二〇二〇年代の危機を乗り越えるために

■「天国」に「地獄の風」を

さて「第三の敗戦」がすぐ目の前に迫っている日本を、どう変えたらいいか。

私はある段階で、日本国民が「天国はやめよう」ということに気づかなければいけないと思う。

「では天国をやめて、地獄へ行けと言うのか」と、問われるかもしれない。誤解を恐れずに答えれば、そのとおりである。「地獄」には「血の池」もあれば「針の山」もあるが、それだけに変化も刺激もある。

「地獄の風」を日本に送り込むのも、この国のこれからを考えるうえでは、一つのチャンスと捉《とら》えるべきだ。それはこれまでの歴史を見れば分かる。

「一度目の日本」を作った人たちはどうだったか。まず薩長のテロリストが徳川幕藩体制に対して、文字どおりのテロリズム（組織的暴力行為）によって、まさに猛烈な地獄の風を吹き込んだ。一方では、庶民の「ええじゃないか踊り」で歓《よろこ》ばせて、社会秩序を乱すような連中もいた。

「二度目の日本」のときは、アメリカが夥《おびただ》しい爆弾の雨を降らせて、地獄の風が送り込まれた。

もちろん、今度はそういう破壊的な行為に頼らず、どうしたら「地獄」を作れるかということだと思う。

■「楽しみ」を正義に

私はこの本で折に触れ、「日本は天国を作ってしまった」と指摘してきた。日本人は天国の住人になった。天国にいるがゆえに、現在の日本人は「幸せ」ではあるけれど、「夢と楽しみ」がない。

そう考えると、はたして現在の日本人は、「本当の意味で幸せ」かどうか。幸せとは人によって受け止め方が違うかもしれない。しかし、今の日本に「楽しみ」の多様性がないことだけは間違いない。これが一番の問題である。

そこで私は、「三度目の日本」の価値観として、「楽しみを正義にしよう」と提唱したい。

多様な楽しみがある社会は、何から始まるのだろうか。

一九八〇年代のアメリカで、ロナルド・レーガン大統領が数々の改革を実施した。税制改革と規制撤廃に代表される彼の経済政策を「レーガノミクス」と呼ぶが、経済と社会のさまざまな場面で改革が行なわれた。これを総括して「レーガン改革」と言うのである。

では、レーガン大統領は「何をした」のか。まずは規制緩和と自由化である。英語で言う「デレギュレーション」(deregulation)である。

当時のアメリカは、通信や運輸、航空事業などに厳しい規制があった。新規参入がなかなかできない仕組みだったのだ。

レーガン大統領は、それを一斉に緩和した。免許制だった陸運の規制を緩和して自由化し、飛行機(航空)も自由化した。そのため公務員である全米の航空管制官組合がストライキを起こしたが、レーガン大統領はひるまなかった。軍の管制官を駆り出して六〇日間代わりに勤務させ、ストライキを起こした約一万三〇〇〇人の管制官を全員解雇したのだ。

同時にストリップとカジノを緩和した。娯楽すなわち「楽しみ」の解放である。当時、カジノは全米に二カ所（ラスベガスとアトランティックシティ）しかなかった。

かつて一九五〇年代に、キーフォーヴァー委員会という組織があり、ギャングやカジノを取り締まった。そのためストリップもカジノも、ごく限られた場所でのみ営業が認められていたのだ。つまりアメリカは、清潔で、汚職も犯罪もない国を目指していたのである。現在の日本と同じように「天国」を作ろうとした、と言っていい。

ところが「天国」を目指した結果、逆に犯罪が増えて収拾がつかなくなってしまった。取り締まりが闇を呼んだのである。

レーガン大統領は、カジノを九九カ所まで認め、全裸のストリップも全米で認めることにした。「ストリップを禁止する州は、連邦法違反である」とさえ表明した。

私が一九八〇年代にアメリカに行ったときは、バーのカウンターでストリップをやっていた。レーガン改革の〝賜物《たまもの》〟である。その代わり、地下鉄の無賃乗車（ただ乗り）は厳禁だった。無賃乗車をした人間は、裁判所に送る前に、とりあえず手錠をかけて、弁護士が来るまで駅につながれたのだ。つまり晒《さら》し者にしたわけである。当時、無賃乗車の数はかなり多く、駅で回転式バーの改札を飛び越えていく者たちがたくさんいた。レーガン改革は緩和・自由化を進める一方で、厳しくしなければならない部分は厳しくしたのである。

また、日本や中国の安いものをどんどん輸入したが、それにより貿易収支の赤字が膨《ふく》らんでしまった。これに対する対抗措置としてドル安政策を進めた。その象徴が、一九八五年（昭和六十年）の「プラザ合意」である。対外的には為替《かわせ》で貿易の均衡を保《たも》ち、国内では個別の規制はしない、という仕掛けを作ったのだ。

イギリスのサッチャー首相は、アルゼンチンとのフォークランド紛争（一九八二年）に勝って猛烈に人気が出たのだが、レーガン大統領は別に戦争で勝ったわけではない。カリブ海の小国グレナダに軍事介入したくらいだ。大国アメリカからすれば吹けば飛ぶような話である。レーガン大統領の成功は、やはり強引な自由化で人気を博したことが大きいと思う。

こうした「強引な自由化」を「三度目の日本」にできるだろうか。

それを達成するためには、どうしても官僚主導を止《や》めなければならない。今は官僚がことごとく施政に関わっているから、急に止められるかどうか、難しいところである。

アベノミクスでも、成長戦略の一環として「岩盤《がんばん》規制」を緩和し、官僚主導から政治主導へ変えようと改革を試《こころ》みている。たとえば国家戦略特区から官僚主導の規制を外そうとしているが、現実にはなかなか進まない。

■日本に巣くう「官報体制」

繰り返して述べよう。これまで「一度目の日本」は「強い日本」を目指して軍備の増強に走り、「二度目の日本」は「豊かな日本」を目指して経済成長をし、「所得倍増計画」を推進した。「三度目の日本」は「楽しい日本」を目指そう、ということを私は言いたい。

そのためには、官僚主導を止めることが第一条件である。ところが、これに絶対反対なのが、実はマスコミ（報道機関）である。先述したように、日本のマスコミは官僚と報道機関の複合体の「官報体制」であり、「官僚の言うことをそのまま報道する」という姿勢を貫いている。

その一端は、東京都知事になった小池氏についての報道にも現われた。就任当初は彼女を応援するような記事が多かったが、マスコミは次第に「反小池」になっていく。小池さんが、反官僚であることが分かってきたからだろう。

マスコミの情報源は官僚

マスコミは官僚から情報を得る。官僚が取材相手なのだ。そして、その官僚の最たるものが警察である。だからマスコミは警察の言うとおりに報道し、取材の見返りに警察寄りの報道をする。

警察が何を嫌うかといえば、「自由化」である。自由化で取り締まりの対象がなくなれば、警察の権限がなくなるからだ。現在、警察が最も反対しているのは、いわゆる「ＩＲ（Integrated Resort／統合型リゾート）法」だろう。

この法案は「カジノ法」とも呼ばれるように、カジノの併設を含む商業・観光施設を、区域を限定して認定するものだ。警察は、カジノを自由化したら、自《みずか》らの権限が大幅に削《そ》がれるのではないか、と考えている。だから「賭博中毒になる人が増える恐れがある」「マネーロンダリングが行なわれる」など、ＩＲ法に後ろ向きな情報を警察がマスコミに流している。

そして、この警察という官僚の片棒を常に担《かつ》ぐのが野党だ。官僚の言いなりになって動く。特にかつての民進党が顕著である。逆に、官僚から一番遠いところにある党は「日本維新の会」だろう。維新は反官僚から生まれた党であるからだ。

二〇一六年一二月、ＩＲ法案を審議する国会で、野党は「日本のギャンブル依存症は予備軍を合わせて五三六万人もいる。ＩＲが実現すれば、賭博中毒はもっと増える」と主張した。実はこのような数字も、厚生労働省の官僚が考え出したものである。一説には、わずか四〇〇〇人を調査して全国レベルに推計した結果、五三六万人になったのだという。

そうした予備軍がいるのなら、現在でもパチンコ、競輪、競馬、競艇、オートレース、株式相場などがあるのだから、すでにいくらでも「賭博中毒」になっているはずだ。IR認定区域候補地の一つに大阪の夢洲《ゆめしま》があるが、梅田から車で三〇分かかる人工島である。わざわざそんな場所へ行かなければできないカジノよりも、近所のパチンコのほうがずっと中毒になりやすいはずである。

日本のマスコミは「記者クラブ取材」が中心だから、官僚が出した情報を鵜呑《うの》みにして報道する。いや、鵜呑みにするというよりも、むしろ報道することで官僚の人気を取りたい。そこに官僚とマスコミの複合体が発生する。IR認定区域も、初めは東京の湾岸も有力視されていた。それを、官僚の意を受けたマスコミが「東京で賭博をやるなど品がない」と反対したため、大阪と横浜と北海道と長崎などが候補地になった。

官僚とマスコミによる「官報体制」の証拠に、一九九八年（平成十年）に法律が成立した「サッカーくじ（スポーツ振興投票）」がある。あのときマスコミは「中毒の危険性」など、まったく報じなかった。だが、このサッカーくじはトトカルチョ（イタリアのサッカー賭博）に由来する「toto」の愛称で分かるように、賭博中毒になる可能性はパチンコなどと同様だろう。

にもかかわらず、マスコミが騒がなかったのは、管轄《かんかつ》官庁が文部科学省になったからである。

法案も文科省が「サッカーくじの収益で東京にオリンピック選手強化施設を作る」と言ったら一発で通った。「東京一極集中」は官僚主導の第一項目である。

■誰が官僚主導を断ち切るか

IR法案については、スケジュール法（プログラム法）である「IR推進法」が二〇一六年一二月一五日に可決・成立した。これを受けて、具体的な細目を定める「IR整備法、IR実施法」が二〇一八年七月二〇日に国会で可決・成立したが、官僚は乗り気ではないらしい。以前、首都機能移転が議論されたとき、衆・参両議院で「国会等の移転に関する決議」が採択されたが、その後は完全に立ち消えにされてしまった前例もある。

いずれにしても、問題は戦後の官僚主導をどこでどう断ち切るか、だ。政治主導をどう復活させるか。政治主導とは「民《みん》主導」とも言っていい。政治家がバカにされている現状では、優秀な若者が政治家になりたがらない。それでも、官僚の手から主導権を奪還しなければ、「楽しい日本」を作ることはできない。官僚は心配性だ。事前にあれこれ心配し、それを吹聴して対象法案や対応予算、組織を作る。

「一度目の日本」は黒船がやってきて、薩長の非官僚過激分子が暴れた。「二度目の日本」はマッカーサーがやってきて、戦前の官僚体制を破壊した。さて「三度目の日本」は、誰がどんな方法で官僚主導を毀《こわ》すのだろうか。

■第四次産業革命後の世の中

これからの日本の未来はどうあるべきか。そして「三度目の日本」をどのように創るべきか。その前提は「二度目の日本」を構造的に支配してきた戦後の官僚主導が崩れることである。どこから崩れてゆくか。私は、五つの局面があると思う。

一つは少子高齢化。
二番目は地方行政の破綻。
三番目は大不況。

今、われわれの目に見えているのは以上の三つだ。では、まだ見えていないけれども、やがて顕在化するものは何か。
四番目は国際情勢だろう。

次々と難題に直面するアメリカのトランプ大統領、そのアメリカに取って代わろうとする中国、EUのさらなる分裂、ミサイル発射実験を続ける北朝鮮……すでにその端緒《たんしょ》は見えている。

そして最後の五番目は、第四次産業革命である。あるいは、これが最初かもしれない。

第四次産業革命とは、分かりやすく言えばロボットとドローン、自動運転、そしてビッグデータによる変化だ。これらの技術は第一次産業革命における蒸気機関、第二次産業革命の電力や内燃機関に相当する。

ここで考えなければいけないのは、十八世紀後半から十九世紀にかけての第一次産業革命で、蒸気機関で世の中がどう変わったか、ということである。

石炭の火力を動力源とすることで機械化が進み、産業はそれまでの手動・風水力から蒸気で動く重工業へシフトした。また蒸気機関車の登場で鉄道網が発達した。すると、労働力が土地に張り付いていた状態から都市に移動することになり、労働者が都市に集中した。この産業形態の変化と都市労働者の誕生という劇的な社会変化をもたらした。

第二次産業革命は、電力と内燃機関によるものであった。これですべての人々が交通と通信の手段を手に入れた。

だがその本質は、規格大量生産革命にあった。部品の大量生産と組み立て、そして「一労働者一作業」の労務管理である。

ではこれから、ロボットとドローンとビッグデータで、どういう社会変化が起きるか。このことはまだ誰も議論していない。技術の変化が認識されただけで、どのような社会変化をもたらすかがまだ分かっていない。せいぜい、人間のする仕事が大幅に減る、大抵のことは自動化する、という程度である。

コンピュータ技術が進歩し、ロボットが進歩して、AI（人工知能）による囲碁と将棋が人間よりも強くなった。

だが、それで世の中がどう変わるのか。なかなか難しい話である。「シンギュラリティ」と言って、二〇四五年にはAIが人間の能力を凌駕《りようが》するのだ、と言う人がいる。それで社会はどうなるのか。

たとえば第二次産業革命が起きる前、その先の世の中を予見できた人はいただろうか。結論を先に言えば、アメリカにいた。

第二次産業革命が、第一次世界大戦を境とした規格大量生産による社会変化であることは前述したが、まずヘンリー・フォードがこのシステムで大型の工業製品、乗用車を作った。彼はこれで大衆消費の時代が到来すると考えた。労働者の賃金を引き上げ、乗用車を買えるようにした。

これをサービス業に広げたのは、コンラッド・ヒルトンである。ヒルトンはホテルの運営システムを一労働者一作業方式とした。第三章で紹介した「テイラー・システム」を導入したのだ。

レセプション(受付)がすべてをやるのではなく、荷物運び、清掃、ルーム・サービスなどを分業し、どのヒルトン・ホテルに行っても「標準的なサービスが受けられる」ようにした。この先見性は、ヒルトンの天才であった。

■上達するという楽しみ

では、ヒルトンのひそみに倣《なら》い、第四次産業革命後の世界を予測してみよう。ロボットとAIがどういう世の中を作るのか。

推理すれば、恐ろしく余暇時間の長い時代が出現するだろう。人間が行なう仕事をロボットやAIが処理するようになれば、仕事の時間が短縮されるのは当然だ。業種によっては、人間のする仕事は「会議と噂話」くらいになってしまうかもしれない。

今、日本のサラリーマンが何をしているのか。かなりの時間は「情報収集と情勢分析」の会議である。このような会議を戦国時代には「小田原評定《おだわらひょうじょう》」と言った。

天正十八年（一五九〇年）、豊臣秀吉《とよとみひでよし》に宣戦布告され、小田原城を包囲された城主の北条氏直《ほうじょううじなお》が家臣団と協議した。秀吉に降伏するか、決戦に挑むか。そのために情報収集と情勢分析を続けたが、九九日を費《つい》やしてもまとまらなかった。結局、北条氏は会議ばかりをやっていて負けてしまったのだ。今の日本で行なわれている会議の多くは、この小田原評定に似ている。主要な議題は情報収集と情勢分析である。

この会議の時間を減らすには、「会議より楽しい時間」を作ることだ。それには「どうしたら日本が楽しい世の中になるか」という基本命題がある。早く仕事を終わらせ、職場から帰って楽しいことをしよう、という世の中にしなければならない。

今は多様な「楽しみ」がないから、みんなスマホでゲームをやっている。ほとんどの電子ゲームは偶然性で成り立っているので、上達することがない。また博打《ばくち》も偶然性で勝敗が決まるから、さほどの上達がない。運頼みは人間の向上心を阻害《そがい》するものだ。

「IR法」について述べた折、私は競馬や株式相場を賭博の範疇《はんちゆう》に入れた。だが、競馬は情報収集によって上達するから、その意味においては博打ではない、とされている。株式相場も情報収集で上達するから博打ではない。けれど、カジノで行なわれるルーレットやスロットは、偶然性に依存するから、原則としても上達しない。「パチプロ」と言われる人もいるが、主に台の見分け方などによって習練を発揮するらしい。

いろいろな雑誌を見ると、いかに健康でいるか、長生きするかといった健康ばやりのご時勢だが、健康もそれ自体では上達しない。ただ養生《ようじょう》の道があるだけである。これからの日本人は、上達する楽しみを持たなければならない。第四次産業革命の進む世の中では、上達する楽しみを考えないといけないと思う。

■人生に何を遺《のこ》せるか

人間は、何かが上達したとしても、それを誰かに認めてもらわなければ、やはり意欲が湧《わ》かない。

上達した成果をどこで表現できるか。それが問題になってくる。たとえば絵を習ったとして、その絵が審査に合格して美術館に入れられるほどの上達ぶりならよいが、自宅に飾るくらいでは、はたしてどんなものか。

私が考えたのは、「人生で何かを遺せる」ということだ。

黒澤明《くろさわあきら》監督の『生きる』という映画がある。ガンに冒《おか》された市役所員の男性が主人公だ。男は「人の役に立つ仕事をしよう」と住民の願いに応え、暗渠《あんきょ》を埋め立てて自分の思いどおりの公園を造ろうとする。

このストーリーよろしく、公園を造りたい人が自由に造れるように、日本中の公園を開放したら楽しいのではないか。公園全体でなく、ブランコ、遊具、彫刻、花壇だけでもいい。「おじいさんの作った花壇」が残るような仕組みができれば楽しいのではないかと思う。

現状の公園は役所の管理に縛られて、制限ばかりだ。これも官僚主導である。そろそろ、どこかで「制限よりも多様性がいいのだ」という倫理観が生まれなければならない。

そうすれば、今の公園のように似たような造りばかりではなくなるだろう。

「あそこには面白い公園があるよ」

「角を曲がったら、公園にこんな彫刻があるよ」

訪れるほうにも楽しみが生まれる。

また、いろいろな人が関われるように、たとえば「人気投票で評判の悪いものは造園後一〇年で取り壊す」という期限を設けてもいいだろう。日光東照宮《にっこうとうしょうぐう》は落成から一七年後の寛永一一年（一六三四年）、三代将軍家光《いえみつ》の時代に大造替《だいぞうたい》（大幅な建て替え）を行ない、絢爛《けんらん》な建物に生まれ変わった。こんな楽しみを作るのも、「三度目の日本」への一つの方法だと思う。

この公園開放と同じように、レストランを開放して「一日シェフ」を募集してもいいだろう。料理を習った人や、腕自慢の人が担当し、「水曜日はあいつが一日シェフをやるから食いに行ってやろう」と知り合いや友人が訪れる。素晴らしいことだと思うけれど、現状では保健所が禁止している。調理師免許を持った衛生責任者がいなければ、レストランの営業許可が下りない決まりになっているのだ。

しかし役所の制限を取り払い、一日シェフが実現できれば、その中からシャリアピン・ステーキや松花堂《しょうかどう》弁当などのように、後世に個人の名前が残るものが生まれるかもしれない。ちなみに「シャリアピン」はロシアのオペラ歌手、「松花堂」は石清《いわし》水《みず》八幡宮瀧本坊《たきもと》の住職である。

『生きる』の主人公は、自分が完成させた公園でブランコをこぎ、「いのち短し　恋せよ乙女……」と「ゴンドラの唄」を歌いながら亡くなる。

彼は死んでしまったが、達成感があったはずだ。

■大阪で仕掛けていること

実は今、私は人々が楽しめる、ある仕掛けを進行中である。

大阪の梅田の再開発で、地下に鉄道と下水処理場を入れ、その上にオリックスと三菱地所が高層ビルを立てるという建設計画がある。完成まで一〇年間、工事中は地上部分の多くが板囲いになるという。通行人も、殺風景な壁を一〇年間見ているのはつまらない。

そこで、その壁のうち六〇〇メートルを〝画廊〟にする。壁を一〇メートルずつに分けて六〇区画取り、そこに絵を描《か》いてもらうのだ。新聞社を通じて描き手を募集し、大阪芸術大学の先生方に審査していただく。

審査に合格した人に絵を描いてもらうわけだが、一区画あたり一〇〇万円で広告を募《つの》り、描いてもらった方には作画料として五〇万円前後をお支払いする。道行く人には絵の人気投票を呼びかけて、一年後、評判のよい作品は残し、そうでなかったものは残念ながら白ペンキで消してしまう。その白地になった区画には、また新たな作品を募集する。そうやって、ビルが完成するまでの一〇年間、評判のよい作品を残していく。

絵を描いて誰かに見せたい人にも、広告主にとってもメリットがある。道行く人も楽しんでもらえるのではないかと思う。一枚の画幅《がふく》が一〇メートルあれば見栄《みば》えもするし、無機質な壁の前を通るよりずっと楽しい。

この梅田での仕掛けが、楽しみを正義とする「三度目の日本」の、ちょっとしたきっかけになればいいと思う。

次に控えるのが大阪の万国博覧会である。

■「三度目の日本」の姿

東京オリンピック・パラリンピックの後、二〇二〇年代こそが日本の危機だ。高齢化、少子化による人口減少に伴って、地方の過疎化、耕作放棄、空き家激増の問題もさらに深刻化するだろう。団塊の世代も二〇二五年には全員が後期高齢者となり、年金、医療費の支出も増大する。

国際的に見ても、世界経済は伸び悩み、資源や食糧が供給過剰気味になる。輸入国の日本にとってはありがたい面もあるが、全体的に経済を冷え込ませるだろう。

このとき、戦後の官僚主導が築いた、「東京一極集中」をはじめとする「五つの基本方針」の弱点が露《あら》わになる可能性が高い。二〇二〇年以後の危機を乗り越え、いよいよ「三度目の日本」を目指さねばならない。

そんな二〇二〇年代に、東京以外の地で大規模な万博を開催するのは効果抜群だ。万博は一八五一年のロンドン以来、一六〇年以上の歴史を持つ国際行事である。初

太陽の塔も祝福

2018年11月24日(日本時間)、2025年の大阪開催が決定。70年万博のシンボル、太陽の塔がライトアップされた　時事

期の万博は「技術と珍品の万国博」と呼ばれ、新しい技術や珍しい品々を紹介するのが主だったが、時代とともに、意義も狙いも形態も変化してきた。

一九七〇年の大阪万博では、先述したとおり「規格大量生産を実現した日本」を知らしめした。テーマは「人類の進歩と調和」だったが、「大量生産社会」をコンセプトとしたのだった。このコンセプトを会場全体で表現することに成功し、六四二二万人もの来場者を記録、一九二億円の黒字となった。

二〇二五年大阪万博の問題点は、会場予定地の面積が九〇ヘクタールしかないことである。二〇一五年に開かれたミラノ万博が、七〇ヘクタールで狭いと不評だったのだ。また会場に入る鉄道も市営地下鉄一本という。前の万国博も経験していない広告代理店の下請け業者に任せたせいだろう。前の万博会場を使うなど柔軟に考えて、成功に導いてほしいものである。

また、「いのち輝く未来社会のデザイン」がテーマとされている。しかし、万博で大事なのはテーマよりもコンセプトである。私は、「第四次産業革命を成し遂げた日本」が本当のコンセプトだ、と考えている。

第四次産業革命とは、ロボットとＡＩの発達による技術革新だけではない。それによって、人類の思考が深まり、楽しみが拡《ひろ》がることだ。第四次産業革命は、いったいどのような社会変化をもたらすのか。人間は時間があれば、より深く考える生物である。次の万博では、第四次産業革命後の日本を存分に表現してほしい。

そこに「三度目の日本」の姿があるだろう。

切りとり線

★読者のみなさまにお願い

この本をお読みになって、どんな感想をお持ちでしょうか。祥伝社のホームページから書評をお送りいただけたら、ありがたく存じます。今後の企画の参考にさせていただきます。また、次ページの原稿用紙を切り取り、左記まで郵送していただいても結構です。

お寄せいただいた書評は、ご了解のうえ新聞・雑誌などを通じて紹介させていただくこともあります。採用の場合は、特製図書カードを差しあげます。

なお、ご記入いただいたお名前、ご住所、ご連絡先等は、書評紹介の事前了解、謝礼のお届け以外の目的で利用することはありません。また、それらの情報を6カ月を越えて保管することもありません。

〒101-8701（お手紙は郵便番号だけで届きます）
祥伝社　新書編集部
電話03（3265）2310
祥伝社ブックレビュー　www.shodensha.co.jp/bookreview

★本書の購買動機（媒体名、あるいは○をつけてください）

＿＿＿＿新聞の広告を見て	＿＿＿＿誌の広告を見て	＿＿＿＿の書評を見て	＿＿＿＿の Web を見て	書店で見かけて	知人のすすめで

★100字書評……三度目の日本

名前

住所

年齢

職業

堺屋太一　さかいや・たいち

1935年、大阪府生まれ。東京大学経済学部卒業後、通商産業省入省。日本万国博覧会や沖縄国際海洋博覧会を企画し、実現した。在職中の1975年、『油断！』でデビュー。翌年発表した予測小説『団塊の世代』はミリオンセラーとなり、「団塊の世代」の語を世に送り出した。

経済企画庁長官や内閣官房参与などを歴任。その一方で、歴史小説、予測小説、経済・文明評論など多岐にわたる分野で精力的に執筆する。

2019年2月8日、逝去。本書が遺作となる。

三度目《さんどめ》の日本《にほん》
幕末《ばくまつ》、敗戦《はいせん》、平成《へいせい》を越《こ》えて

堺屋《さかいや》太一《たいち》

2019年5月10日　初版第1刷発行
2025年3月5日　第6刷発行

発行者……………辻 浩明
発行所……………祥伝社《しょうでんしゃ》
〒101-8701　東京都千代田区神田神保町3-3
電話　03(3265)2081(販売)
電話　03(3265)2310(編集)
電話　03(3265)3622(製作)
ホームページ　www.shodensha.co.jp
装丁者……………盛川和洋
印刷所……………萩原印刷
製本所……………ナショナル製本

Printed in Japan　ISBN978-4-396-11571-5　C0230

〈祥伝社新書〉
歴史に学ぶ

545
日本史のミカタ
「こんな見方があったのか。まったく違う日本史に興奮した」林修氏推薦
国際日本文化研究センター所長 井上章一
東京大学史料編纂所教授 本郷和人

588
世界史のミカタ
「国家の枠を超えて世界を見る力が身につく」佐藤優氏推奨
井上章一
小説家 佐藤賢一

630
歴史のミカタ
歴史はどのような時に動くのか、歴史は繰り返されるか……など本格対談
井上章一
国際日本文化研究センター教授 磯田道史

366
はじめて読む人のローマ史1200年
建国から西ローマ帝国の滅亡まで、この1冊でわかる！
東京大学名誉教授 本村凌二

697
新・世界から戦争がなくならない本当の理由
ロシア・ウクライナ戦争、イスラエルとハマスの戦闘ほか最新情報を加えた決定版
ジャーナリスト 名城大学教授 池上 彰